AF392873

# EL VERSO QUE HABLA

ExLibric

ASENSIO LIARTE

# EL VERSO QUE HABLA

EXLIBRIC

ANTEQUERA 2021

**EL VERSO QUE HABLA**
© Asensio Liarte
Diseño de portada: Dpto. de Diseño Gráfico Exlibric

Iª edición

© ExLibric, 2021.

Editado por: ExLibric
c/ Cueva de Viera, 2, Local 3
Centro Negocios CADI
29200 Antequera (Málaga)
Teléfono: 952 70 60 04
Fax: 952 84 55 03
Correo electrónico: exlibric@exlibric.com
Internet: www.exlibric.com



ISBN: 978-84-19092-69-4
Depósito Legal: MA 1645-2021

Nota de la editorial: ExLibric pertenece a Innovación y Cualificación S.   L.

ASENSIO LIARTE

# EL VERSO QUE HABLA

# I. PERSONAJES

# A TU PUERTA

A tu puerta me acerqué
queriendo que alguien la abriera
y no comprendo por qué
nadie salió tan siquiera.

Yo me acerqué a tu ventana
añorando ver tu cara,
mas tampoco esa mañana
en mi anhelo yo acertara.

Andando el tiempo pasé
por la acerita de enfrente
y fue entonces que pensé
que tú estarías presente.

Tampoco aquí tuve suerte,
tu persona allí no estaba,
sufrí temblores de muerte
por no haber visto tu cara.

Mi corazón se rompía
por tu tremendo desprecio,
quizá lo que pretendía
era el deseo del necio.

Seguí llamando a tu puerta
y mirando a tu ventana,
pensé que estarías muerta
al oír yo una campana.

La campana de la iglesia,
que anuncia a los que se van
o a quienes sufren amnesia
y no saben dónde están.

En silencio yo seguí
pensando en que volverías,
porque siempre colegí
que la puerta me abrirías.

Cuando tu cara besé
se terminó mi ilusión,
pues raudo me percaté:
no era amor, sino pasión.

De todo yo aún me acuerdo,
de lo que allí sucedió.
Te aseguro que estoy cuerdo
y que hoy todo se acabó.

# EL ABUELO

A su padre conoció
por una foto escondida
que su madre le mostró
cuando cinco años tenía
y que nunca más la vio.

Desde entonces tuvo padre,
pero no lo podía ver,
pues lo que tenía su madre
era un trozo de papel.

Sus abuelos lo criaron,
su abuelo su padre fue.
Lo que nunca le explicaron
fue la razón y el porqué.

El niño nunca entendió
por qué el padre de la foto
en su momento se fue,
tal vez a un lugar remoto.

A su abuelo acompañaba
para cuidar las colmenas;
con su miel se alimentaba,
reduciendo así sus penas.

Su madre, que trabajaba
de sol a sol y en el campo,
una miseria ganaba.
Nunca nadie sufrió tanto.

El abuelo lo cuidaba
como si fuera un tesoro
y el niño se lo pagaba
queriéndolo más que al oro.

Ese abuelo se quitaba
el pan de su propia boca
porque a su nieto adoraba
de una forma casi loca.

Lo que este niño tenía
era gran inteligencia
y, aunque él no lo sabía,
sí lo descubrió la ciencia.

Hoy ese niño es persona
con un porvenir magnífico,
hoy ya nadie le cuestiona,
pues devino en gran científico.

El abuelo ya no está,
hace tiempo que se fue.
En el cielo vivirá,
le dice al niño su fe.

Pues todo cabe esperar
de un buen y querido abuelo.
Por el nieto él es capaz
de hasta dormir en el suelo.

Yo, que ahora soy abuelo,
mas solo dos nietos tengo,
podría dormir en el suelo
y seguir abuelo siendo.

Durante unos años fui
como el abuelo del cuento:
a mi padre yo no vi
hasta que lo trajo el viento.

Y os puedo asegurar,
pues esta es la verdad pura,
que a mi abuelo yo seguí
queriéndolo con locura.

Con tristeza yo recuerdo
el día en que se me fue
y la memoria no pierdo,
pues más que nunca lloré.

Aún recuerdo de mi abuelo,
y me acordaré mil veces,
y al ir de mi padre al duelo
quedé frío como los peces.

Y no es que no lo quisiera
al padre que me engendró,
pero es que mi abuelo era
el que a mí me cobijó.

# EL AUSENTE

Si me quieres encontrar,
no me busque donde siempre.
Solo me podrás hallar
camuflado entre la gente.

Si a la postre no me encuentras,
es que no eres consecuente.
La fiel verdad defenestras,
pues yo nunca estoy ausente.

Prefiero la compañía
a la vida de ermitaño,
el consenso a la porfía,
la sinceridad al engaño.

Cuando te veo venir
mi corazón se acelera
pensando en el porvenir
que a tu lado a mí me espera.

Si quieres verme feliz
no me trates como a un leño,
no cometas el desliz
de creer que todo es sueño.

Tengo una gran desazón
al ver que tú no me quieres.
Me quema como un tizón
lo insensible que tú eres.

Un santo sé que no soy,
pues soy mortal e imperfecto,
y por eso siempre estoy
sacando los pies del tiesto.

Es un tiesto metafórico,
sin entidad material.
Es el tiesto prehistórico
que hace a la vida erial.

Y por más que yo lo intento
la felicidad no alcanzo,
siempre se la lleva el viento
como a paja de garbanzo.

Mírame, yo te lo ruego,
percibe mi humanidad.
Si tú quieres yo te entrego
mi mentira y mi verdad.

Son la verdad y la mentira
dos caras de una moneda.
Si una muere otra está viva,
pero ninguna se queda.

Cuando vemos la verdad
parece que la alcanzamos,
siendo la felicidad
la que se va de las manos.

La felicidad, si existe,
nadie ha conseguido verla,
su etérea forma persiste
como el brillo de una perla.

Todo se encuentra en el aire,
imposible de alcanzar,
escondido en el socaire,
ninguno lo puede hallar.

Cuando yo al mundo me abro
la perplejidad me abruma,
me causa un gran descalabro
ver que vida solo hay una.

La vida es solo un concepto
que nadie puede abarcar.
Creemos que el mundo es nuestro
y siempre suele escapar.

Si se escapa, es que ella existe,
pero nadie la retiene.
Resulta un hecho muy triste
el constatar que va y viene.

Dándole vuelta al caletre
llego yo a la conclusión
que hay que ser un petimetre
para vivir de ilusión.

¿Por qué no estamos de acuerdo
cuando hablamos de la vida?
No sé si tú eres un lerdo
con la mente desnutrida.

Si quieres que debatamos
sobre el hoy y el mañana,
cuando tú quieras hablamos
de pecadora manzana.

Podría yo nunca acabar
versando sobre estas cosas,
pero prefiero volar
igual que las mariposas.

Las mariposas aladas,
las que vuelan en el limbo,
son almas descarriadas
en la tarde de un domingo.

Si quieres seguir leyendo,
has de aguardar la ocasión
cuando yo ya me esté yendo
junto al buen Dios del perdón.

# EL DUQUE DE ORTEGA

El señor duque de Ortega
disfrutando en la poltrona.
No es un asiento de pega
el que su ágil cuerpo doma.

Como puedes suponer,
no le apetece el deporte
y la cama es menester
que su bienestar le aporte.

No duerme, según nos dice,
pero la cama le encanta,
porque siempre se desdice
al cubrirse con la manta.

Es feliz con su sistema
de jubilado durmiente.
No es preciso el anatema,
siempre sigue la corriente.

Siempre rebosó bondad
hacia el común de la gente,
sintiendo amor y piedad
por el cuitado indigente.

Su farmacia fue el refugio
donde las horas pasaba.
No amigo del subterfugio,
siempre a la gente ayudaba.

Apreciado con cariño,
como la cebra a la acacia,
era tierno como el niño
que crece en la democracia.

Todo el que lo conocía,
incluido quien os habla,
lo apreciaba y lo quería
como el náufrago a la tabla.

Él nunca fue bebedor
ni amigo del ebrio Baco,
pero sí fue fumador
del traicionero tabaco.

Siempre todos le decían
que dejara de fumar,
pero él el sueco se hacía
para así continuar.

# FIN DE CURSO

Mañana tenemos clase;
quedan pocas, vive Dios.
Grandemente me complace
el veros a todos vos.

Amigos todos los años
los que siempre a clase vienen,
pelos rubios o castaños
y algunos que no lo tienen.

Pero todos son iguales
a la hora de vivir,
ellos todos son normales
y así es fácil elegir.

Ellas están incluidas
en el todos que yo digo.
Daos pues por aludidas,
pues vale amiga y amigo.

No digan que la amistad
es cosa sin importancia
y que la pura bondad
solo es cosa del amante.

El amor no solamente
se da en el enamorado,
este es cosa de la gente
y de todo ser amado.

Ama el bosque al elefante
aunque sus ramas devore,
se porta como el amante
que nunca piedad le implore.

Pero no siempre el amor
resulta bien entendido,
aunque no hay cosa mejor
que tú seas correspondido.

Quizá sea el amor sublime
el de la madre hacia el hijo,
el que su pecho comprime
dando al hijo su cobijo.

Qué bello decir amor
y derramarlo a raudales,
practicarlo sin temor
entre todos los mortales.

# INDIFERENCIA

Pasas siempre por mi lado
sin percibir mi presencia.
Yo no sé lo que me has dado,
me mata tu indiferencia.

Te quiero para mí sola
y tú no quieres saberlo,
eres para mí la ola
que quiere al mar poseerlo.

Mi corazón se alborota
cuando intuye tu presencia,
salta como una pelota
alterando mi consciencia.

Yo no sé si tú me ves
cuando tú a mi lado pasas.
Yo soy palo de ciprés
consumiéndome en tus brasas.

Esas brasas que me queman
dentro, muy dentro del alma,
y a mi espíritu condenan
a perder siempre la calma.

Dame un poquito de amor,
por favor yo te lo pido,
necesito tu calor
como el vencejo su nido.

Pondrás en mi vida un hito
para que yo encuentre el cielo
si me quieres un poquito.
Mitiga mi desconsuelo.

Ay, si tú pudieras verme
todas las noches llorar.
Siempre el cansancio me duerme
intentándote olvidar.

Le pregunté yo a tu madre
si tú ya mujer tenías.
Ella me dijo: «Es muy tarde
para las habladurías».

Pues lo que diga la gente
a él le tiene sin cuidado,
él le sigue la corriente
haciéndose el despistado.

Dígale usted, por favor,
que por él bebo los vientos.
Dígale usted que mi amor
pierde por él los alientos.

Si yo fuera mariposa
en su cielo volaría,
pues qué cosa tan hermosa
tener yo su amor sería.

Pero si esto no sucede
yo le digo la verdad,
pues yo deseo que le llegue
la mayor felicidad.

# LA LUNA

La luna blanca y redonda
que colgada está en el cielo
refleja una luz tan honda
cual blanco brillo de hielo.

Papá, bájame la luna,
con ella quiero jugar.
Es bella como ninguna,
con amor la he de besar.

La luna te bajaré
usando yo esta escalera,
en mis manos la traeré
la próxima primavera.

Cuando la luna me bajes
tráeme con ella a mi madre.
Se fue con bellos encajes
a buscármela una tarde.

Yo por las noches la miro
y al verla tan luminosa
su dulce cara yo admiro,
es bella cual mariposa.

Dile a mamá si la ves
que yo la sigo esperando,
pues quiero verla otra vez
a mi lado caminando.

La luna, hijo, la luna
solo por la noche existe.
Tú ya estabas en tu cuna
cuando a tu madre perdiste.

Ella nos dejó una noche
cuando la luna brillaba,
sin protesta ni reproche,
porque lloraba y callaba.

Hijo de mi vida entera,
a mamá sigo esperando,
que ella venga en primavera
bellas canciones cantando.

Tu madre está con nosotros,
constantemente nos cuida,
ella no se fue con otros,
desde la luna nos mira.

Cuando por las noches vemos
a esa luna tan hermosa,
de gozo en sí no cabemos,
pues luce como una diosa.

Cuando tengamos la luna
al alcance de la mano,
te diré sin duda alguna
que el cielo ya está cercano.

¿Por qué redonda es la luna?
Quien lo sepa que lo diga.
Y si luna solo hay una
será porque es nuestra amiga.

Cuando ya la poseamos,
ya nunca se marchará
esa luna a la que amamos,
en la que vive mamá.

¿De dónde la luna viene?
Quizá su madre es la tierra.
Ella siempre se mantiene
tanto en paz como en la guerra.

Papá, te daré una carta
cuando a por la luna vayas.
Dásela a mamá sin falta
con estas maduras bayas.

No me canso de mirarla.
Papá, cuando me la bajes
asegúrate de atarla,
que no la roben los pajes.

La luna siempre cabalga
a lomos de un potro blanco,
pues no hay excusa que valga
para cruzar el barranco.

Papá, yo quiero saber
cuándo es que la luna duerme,
pues a ella quiero ver
aunque ella no pueda verme.

Y ya llévame a la cama,
quiero soñar con mi madre,
pues sé que ella vendrá
cualquier día al caer la tarde.

# II. NATURALEZA

# AL BICARBONATO

Sentado en esta cuneta
sin pesares ni recato,
compongo la oda completa
del blanco bicarbonato.

¿Sabes que el bicarbonato
cumple una doble función?
Digiere el yantar barato
mitigando el atracón.

Escucha, querido amigo:
donde esté el bicarbonato
nada lo iguala, te digo,
por efectivo y barato.

Cuando la acidez te ataque
agrediéndote el estómago,
olvídate tú del mate,
el bica es lo más idóneo.

Ese polvo blanco es
un remedio natural
desde el Congo a Cadaqués,
no es remedio artificial.

Si lo tomas con mesura,
te ayudará a digerir
esa comida basura
que no te deja dormir.

Dormirás como un lirón
aunque un buey tú te comas,
te salva del atracón
si a su tiempo tú lo tomas.

No lo confundas, por Dios,
con el agua de litines.
Él te transmite el candor
de los cantos de maitines.

Dicen que toma la gente
en vez de este gran remedio
la magnesia efervescente,
que hace mucho mal al medio.

Es más que perjudicial
esa moderna mixtura
porque agrede sin premura
a la flora intestinal.

Por favor, no seas pazguato,
no me seas tan modernista,
vuélvete al bicarbonato,
no hay mal que se le resista.

Pero amigo, tú no creas
que el sin par bicarbonato
lleva en sí las panaceas
que eliminarán tu flato.

Por lo tanto, yo te digo
que nada la sustituye
la dieta del desvalido,
que al mal fario ella destruye.

Predico con el ejemplo,
pues hoy tengo yo lentejas.
Como los monjes del templo,
me pongo hasta las orejas.

 A la hora de comer
la fiel tradición yo acato,
y así lo puedo yo hacer
el no usar bicarbonato.

Y como dijo el prior
sin sacar los pies del plato,
«yo no solo creía en Dios,
agrega el bicarbonato».

# Al chocolate

En tabletas nos lo venden,
él es de color oscuro,
en los comercios lo expenden
crujiente, sabroso y duro.
Los golosos lo defienden.

Sin adendas ni aditivo
es algo fino y sabroso,
y dicen que es adictivo.
Yo pienso que es fabuloso.

Unos dicen exquisito;
otros, que es un disparate.
Yo comerlo necesito,
pues me pirra el chocolate.

Cuando en mis manos lo tengo
y yo lo vuelvo a probar,
siento que del cielo vengo
y bendigo este manjar.

A nadie conozco yo
sobre la faz de la tierra
que diga que nunca oyó
que el choco la dicha encierra.

No vengo de secos valles
ni vengo del negro arcano,
mis dominios son las calles
de algún planeta lejano.

Quisiera permanecer
sin cometer un dislate,
pero sí siempre tener
un buen negro chocolate.

Si tuviera que elegir
dejaría mi puerta abierta
y para siempre vivir
en una isla desierta.

Me llevaría una sartén,
una lámpara y un catre,
sin olvidarme también
un montón de chocolate.

Pero aquí yo permanezco
por culpa de esta pandemia
y salgo a tomar el fresco
creyendo que estoy en Denia.

Donde salgo es al balcón,
pues a la calle no dejan,
con mi gorra y mi bastón,
los que mis penas despejan.

No me olvido de sacar,
además de un buen tomate,
lo que me place la mar,
placer de mi paladar:
dos onzas de chocolate.

# AL CREPÚSCULO

Naciendo el temprano sol
despiertan las bellas flores,
les cantan en si bemol
los pajarillos cantores.

Con sus notas matutinas
abro mis ojos durmientes
y sus canciones divinas
hacen que me pare en mientes.

Qué mejor que un despertar
con de las aves los trinos,
las que suelen emular
a los ángeles divinos.

No cejaré yo de alabar
a los alados cantores
mientras vienen a libar
del jardín las bellas flores.

Yo siempre quise volar,
en mis sueños lo consigo,
pero siempre al despertar
me encuentro frente al postigo.

Mas no pierdo la esperanza,
lo intento cada mañana
para lograr, sin tardanza,
escapar por la ventana.

Qué pena, que desazón
me produce mi ignorancia,
viendo con desilusión
al zorzal en la distancia.

¿Cómo vuela? Me pregunto
cómo su cuerpo mantiene.
Imposible veo el asunto,
no sé cómo se sostiene.

¿Por qué no puedo volar
si tantas veces lo intento?
¿Por qué no puedo avanzar
a favor o contra el viento?

Lo dejo por imposible,
me mantendré junto al suelo.
Como volar no es factible,
arrumbaré el desconsuelo.

# AL TROVO

El trovo es una belleza
que debemos preservar
aunque no tenga la alteza
de lo que ahora llaman rap.

El trovo nace del alma
y es el pueblo su lugar,
son sus versos pura calma
y el corazón es su altar.

No se trata de una broma,
el arte de bien trovar
es igual que una paloma
cuando se arranca a volar.

No me mires desde arriba
queriéndome despreciar,
no te olvides de la estima
que me debes profesar.

Sus raíces son profundas,
famoso fue en Cartagena,
sus rimas son tan fecundas
que mitigan cualquier pena.

Y no puedo concebir
que al buen trovo se arrincone.
Yo te lo quiero decir,
deja que el trovo se asome.

Que salga por la ventana
inundando los caminos.
Su poesía es tan sana
que cura a los peregrinos.

Y si el trovo no conoces
date prisa en descubrirlo,
es preciso que tú goces
desde el momento de oírlo.

«¿Y dónde puedo escucharlo?»,
quizá me preguntarás.
Te contesto sin dudarlo:
allá en La Unión tú podrás.

Espero haber conseguido
que en el trovo te intereses
y que el tiempo no he perdido
y que pronto a amarlo empieces.

# ALEGRÍA DE VIVIR

Y es esa humana alegría
la que al viejo mundo alienta,
la que en el mar no cabría,
la que al buen ser alimenta.

Si al mirar por tu ventana
al cielo tu vista elevas,
solo es el hoy y el mañana
lo que en tu espíritu llevas.

Si te dejó la alegría,
búscala por los confines.
Hermosa cosa sería,
más bella que dos mastines.

Alegra esa cara, amigo,
que la vida es un regalo.
Yo pongo a Dios por testigo
de que el mundo no es tan malo.

Cuando despiertas de un sueño
y el entorno te sonríe,
debes poner gran empeño
en que tu humor no se enfríe.

Acércate y no rechaces
la alegría que te ofrezco.
Mira tú bien lo que haces,
tu rechazo no merezco.

En los senderos del alma,
la que dicen inmortal,
si transitas con gran calma
vivirá en ti la moral.

Y siempre tendrán razón
quienes vivan la alegría,
pues siempre en su corazón
habrá más de lo que habría.

Mientras los versos yo escribo,
la alegría que me inunda
engendra la travesía
que hace mi vida fecunda.

Cuando en la gloria yo estoy
siento el gozo de vivir
y cuando a tu encuentro voy
olvido que he de morir.

# AMANECER

Un nuevo día amanece,
el sol el alma ilumina
y con él desaparece
esa zozobra dañina.

Qué bonito es poder ver
tan excelsa maravilla,
aún más sublime es que hacer
de una roca una sombrilla.

Disponer de una sombrilla
puede ser algo vital,
pues del sol que hay en Sevilla
ella te puede librar.

Y también de escudo hace
cuando la lluvia golpea;
con que las gotas desplace
es más que la panacea.

Pero aquí no estamos hoy
para de sombrilla hablar,
pues adonde vamos hoy
es a la barra de un bar.

Ese bar que nos espera,
al cual ya podemos ver,
donde la gente extranjera
gusta el ver amanecer.

Mi amanecer es más simple,
pues yo siempre me conformo
tañendo un canario timple
como hace Perdomo el Tormo.

El timple es ese instrumento
muy pequeño de tamaño,
pero que llena el momento
de mi cabruno rebaño.

Lo que te digo es muy cierto,
ya que lo conozco bien,
él encaja en el concierto
y de solista también.

Pero volvamos al tema,
al del puro amanecer,
y hagámoslo nuestro emblema
para más felices ser.

Si amaneces contrariado,
piensa qué bella es la vida,
no seas como un mal corsario
con su barco a la deriva.

Orienta bien tu navío,
no consientas que naufrague,
no dejes tú que el gentío
sea quien maneje tu nave.

Si quieres que yo te oriente
expresando mi opinión,
no veas en el sol poniente
la innegable solución.

Solución que trae la calma
a tus posibles pesares
haciendo vagar tu alma
por los verdes encinares.

# AMAPOLA

Flor más roja yo no he visto
en esta, mi larga vida,
y es por eso que yo insisto:
¡no hay belleza parecida!

Florece en la primavera
en el campo, entre la mies.
Es una flor pasajera,
es la flor que ama el ciempiés.

Yo me siento impresionado
y mi tristeza se pierde.
Yo devengo anonadado,
pues destaca entre lo verde.

El verde del trigo verde
que a esta bella flor cobija.
Su esplendor nunca se pierde,
ella es del trigo la hija.

Sí, las hay de color blanco,
mas son bastante más raras.
Se encuentran en el barranco
libres de funestas plagas.

¿Y por qué a esta flor detestan
todos los agricultores?
Su disgusto manifiestan
negándole sus amores.

Es su intenso color rojo
el que atrae a los insectos,
destaca del verde abrojo
con destellos manifiestos.

Su semilla es comestible,
se usa en pastelería.
De sabor indefinible,
adorna a la bollería.

Búscala en el campo verde,
su belleza es pasajera,
pues ella siempre se pierde
al morir la primavera.

Ella crece por millares,
es flor que nunca está sola,
inspira hermosos cantares
la bella y roja amapola.

Ahora que ya tú conoces
qué flor es de la que hablo,
puedes darte grandes goces
cual querubín en retablo.

Y cierro la puerta abierta,
dentro no me encuentro sola
porque llevo en mi siniestra
siempre una roja amapola.

# III. PENSAMIENTOS

# AMANECER POÉTICO

Amanece cada día,
nadie lo puede negar,
pero si es con poesía
es más bello el despertar.

Sí, en verdad es la poesía
la que al débil reconforta.
Hace de la noche el día
aunque su vida sea corta.

El débil siempre será
el que más penurias sufre,
pues condenado estará
al tormento del azufre.

No en balde tienen manía
al poeta que denuncia
la insidiosa tropelía
del que a la verdad renuncia.

Gente para todo existe
allá, en todas las naciones,
que con su maldad persiste
en imponer sus razones.

¿Quién es el que no conoce
al gran manipulador
que halla en la maldad su goce
causando siempre dolor?

Pero existen, sin embargo,
personas de mente sana
que, huyendo del mundo amargo,
convierten noche en mañana.

Huyamos del pesimista,
del malvado y sus acciones,
y aunque fuertemente insista
no aceptemos sus razones.

Quisiera que mis versos
te ayudaran a encontrar
a los hombres tan perversos
que te quieran sojuzgar.

Y con este buen deseo
termino yo este poema.
Así es como yo los veo
a los malos anatemas.

# AÑORANZA

Si tus fuerzas disminuyen
y la memoria te falla,
lo más probable es que huyen,
pues tú ya no das la talla.

Y si el suelo se te aleja
cuando algo se te cae,
aplica la moraleja:
tu fuerza es la que decae.

Ahora solo tú recuerdas
lo que es tu vida en retazos
y el oír tantas monsergas
rompe tu alma en pedazos.

Cuando vuelves a la infancia
en tu inverso caminar,
no le darás importancia
a tu lento declinar.

Si pudieras retrasar
el reloj de tu existencia,
volverías a transitar
la senda de la inocencia.

Qué bella cosa es la vida
cuando se empieza a vivir
y qué pena tan sentida
saber que vas a morir.

También place recordar
el camino transitado.
Eso te vas a llevar,
que te quiten lo bailado.

La vida es un baile eterno
que nos mueve sin cesar,
nos aleja del infierno
si la vida es ejemplar.

El niño que salta y corre
con su infantil inocencia
sutil cortina descorre
de este mundo de apariencia.

Habrá otros mundos quizá,
quién lo pudiera saber.
Tal vez será el más allá
en el que los pueda haber.

No elucubres más, amiga,
no des vueltas a las cosas,
sé siempre cual la mendiga
que adora a las mariposas.

Ser feliz es imposible,
la felicidad es esquiva,
pero siempre es preferible
el amor a la deriva.

El que traza su camino,
por el que quiere llegar,
asegura su destino
sin errores perpetrar.

Debemos considerar
lo que más nos interesa
y a nuestra alma librar
de vida tan inconexa.

Yo no quiero permitir
que domine esta locura,
lo que quiero es eludir
el mal que no tiene cura.

A los que manejan los hilos
del mundo en el que vivimos
sin ambages ni sigilos
les da igual si aquí morimos.

Es preferible reír
que sufrir y que llorar,
pues no es bueno permitir
que nos domine el pesar.

Vuelvo a insistir nuevamente
que perseguir la Verdad
es también muy conveniente,
pues trae la felicidad.

Aunque hoy ya no me asusto
de lo que en el mundo pasa,
no es plato de muy buen gusto
ver que tu reloj se atrasa.

Reloj que marca el destino
y sin detenerse avanza,
va señalando el camino
sin pereza ni tardanza.

No te preocupes, mujer,
porque hayas llegado a vieja.
Lo que tienes que entender
es que el reloj nos maneja.

Tu belleza está en tu alma
y aunque tu piel ya no es tersa
no debes perder la calma,
todo nace y viceversa.

Tus hijos son tu legado,
tus nietos son tu alegría,
y con tu pareja al lado
mucho mejor todavía.

Disfruta, mujer, disfruta
de la vida venidera,
pues somos como la fruta
que en el árbol no se queda.

Y aunque podría seguir
dialogando con el mundo,
yo prefiero concluir
este asunto tan profundo.

Y lo que digo es muy serio,
es verdadero y no chanza,
es fruto del buen criterio
que me inunda de añoranza.

# AY, LOS PECES

Ictiofagia es un decir,
pues resulta más bonito
cuando hay que definir
decir *pescaíto* frito.

Pues sea del tipo que sea
su textura me entusiasma,
ya venga con la marea
o sea pescado con caña.

Envidio tu gran fortuna
por encontrarte en *Sanluca,*
pudiendo así disfrutar
de tan excelsa manduca.

Muerto de placer yo curso,
como la abeja en panal,
y de ahí nace el discurso
de un placer inusual.

El placer al que yo oriento
esta, mi efímera vida,
está exento de aspaviento
y de pasión desmedida.

No es que no aprecie el pescado,
pues lo adoro con locura.
Sea regalado o comprado,
es sustento del buen cura.

No me importa lo que digan,
prefiero pagar la multa
y que los hados bendigan
mi gran pasión por la urta.

Soy de la humilde opinión
de que el pescado es invento
digno de la religión
practicada en el convento.

# CANCIONCILLA

Tiempos duros y confusos
nos ha tocado vivir,
tiempos de tremendos usos,
tiempos para resistir.

Desde mi confinamiento,
sentado estoy en mi silla,
con amor y mucho tiento
escribo esta cancioncilla.

«Si ves que otros enredan tu cabeza,
rebélate.
Si ves que a ti te vence la tristeza,
Levántate.
Levántate, levántate, levááántate.

Cuando te digan no hay remedio,
libérate.
Cuando el fin justifique el medio,
asústate.
Asústate, asústate, asúúústate.

Si hay pereza en tus neuronas,
desátate.
Si al precipicio te asomas,
sepárate.
Sepárate, sepárate, sepááárate.

Cuando la ilusión te abandone,
escápate.
Cuando la zozobra te destrone,
acércate.
Acércate, acééércate, a-cér-caaaa-te».

Yo de música no entiendo,
no comprendo el pentagrama,
pero sí voy percibiendo
lo que el músico desgrana.

Musicar esta canción
puede hacerlo con gran tino,
poniendo ciencia y pasión,
nuestro amigo Bernardino.

# Cantares

Es un placer infinito
desplazarse por los mares.
Al cielo azul y bendito
le dedico estos cantares.

Desde el día en que se nace
nuestro destino está escrito,
no importa dónde se pace
ni del silencio ni el grito.

El destino no se elige
por mucho que te lo digan,
pues, como yo ya te dije,
las cuitas no se mitigan.

¿Por qué tienen tantos bríos
las coordenadas vitales?
¿Por qué es el libre albedrío
el que engendra nuestros males?

Cuando osen preguntarte
por qué redonda es la Tierra,
contesta sin inmutarte:
«Pues porque la vida encierra».

Los hay que lo niegan todo,
son simples mentes gatunas,
su cerebro es solo el lodo
de arena de rubias dunas.

Niegan sin trabas ningunas
lo que tengan por delante,
niegan hasta las vacunas,
pena de gente ignorante.

Y es que es lo más lacerante,
ninguno tiene perdón
porque exhiben mal talante,
son gente sin formación.

Formación que los informa
de lo diverso y lo mismo:
siempre caen en la reforma
del perverso dogmatismo.

El dogmatismo es horror
que a los humanos disloca,
produciendo el deshonor
desde los pies a la boca.

# CARTAMUR

Cartagena me da pena
y Murcia me da dolor.
Cartagena de mi vida,
Murcia de mi corazón.

Esta estrofa conocida
del taranto inmemorial
es una historia sentida
de rivalidad ancestral.

Cartagena pudo ser
capital de la hoy región,
mas vino a prevalecer
la crucial imposición.

De forma tradicional
rivalidad la ha habido
con la ciudad cantonal
por injusto sinsentido.

Antes de su fundación
allí gentes ya vivían.
De Asdrúbal fue decisión:
Qart Adasht la llamarían.

La vieja historia responde
y a la pregunta contesta
que Contesta fue su nombre
y que la fundó el rey Testa.

Más de tres mil años hace
que hay constancia de que existe
Contesta, nombre que place
a todo el que no está triste.

También Mastia la llamaron,
y luego Carthago Nova,
y todos la idolatraron
como a un galán casanova.

Después romanos vinieron
a engrandecerla otra vez
y un teatro construyeron
que aún hoy se puede ver.

Cartagena quedó sola,
por siglos abandonada.
Hoy Murcia es la que controla,
dando a Mastia la estocada.

# EL ABUSO

Es el abuso un mal uso
que envilece a los humanos,
su moral está en desuso
y ensucia las santas manos.

No siempre abusa el que quiere,
es el que puede el que peca,
la honrada vida interfiere
y el amor dulce lo seca.

Abusar es mala cosa,
al prójimo perjudica.
Tener una vida honrosa
es lo que el hombre reivindica.

El que abusa y no es consciente
tampoco tiene perdón,
tiene el gran inconveniente
de su terrible baldón.

Pues siempre abusa el más fuerte
aunque no tenga razón,
le place aplicar la muerte,
dañino es como un tizón.

El varón que por su fuerza
de la mujer él abusa
comete una gran torpeza,
siendo el abuso su musa.

# EL AGUACERO

Dice el refrán castellano
que lo que del cielo cae
bueno es para el ser humano,
con ello el placer le trae.

Si no fuera por el agua
que el dios del amor nos manda,
no ardería el fuego en la fragua
ni arroyos habría en Arganda.

Siempre que la lluvia viene
a ella la siguen los lodos,
pues no a todos les conviene
ni llueve a gusto de todos.

A mí la lluvia me encanta,
pues mi alma reconforta.
Me envuelvo con recia manta
y así su frío nada importa.

No tengo miedo a la lluvia,
con ella llega el otoño
y la cerveza es más rubia,
también madura el madroño.

El calor aún persiste,
el verano continúa,
a dejarnos se resiste,
aunque no se perpetúa.

A veces con el otoño
despierta la enfermedad
y da su fruto el madroño
que está en la vieja heredad.

Para curar su dolencia
hay quien toma agua de alpiste,
siendo inútil la ocurrencia,
pues el milagro no existe.

Sí es el alpiste alimento
para el pájaro cantor,
su bel canto es un portento
por su exquisito candor.

Hay quien toma agua de alpiste
para alargar sus venturas.
Esto a mi me suena a chiste
y a las pamplinas más puras.

# EL ALMA

El alma es de los humanos,
nos dice la teología.
Se escapa de nuestras manos,
pues es pura teoría.

Si el alma existe o no existe
eso es cosa que no sé,
aunque todo el mundo insiste
en que es solo asunto de fe.

¿Y qué si el alma existiera?
Es un hecho que es posible.
Si todo el mundo la viera,
sería una cosa factible.

Y quien aquí medrar quiera
no se debe amilanar,
ponga el alma por montera
y pelillos a la mar.

El alma del elefante
sería un alma gigantesca,
lo asegura el diletante
con su cultura simiesca.

Hay almas de quita y pon,
son almas de conveniencia,
son almas sin compasión,
según nos dice la ciencia.

Son todos los seres vivos
que tienen sangre en sus venas,
preguntan inquisitivos:
«¿Tendrán alma las ballenas?».

Si es verdad que el alma ocupa
todo el cuerpo por completo,
desde los pies a la nuca
del alma el cuerpo es repleto.

¿Tiene alma, por ventura,
todo ser que es existente?
Si lo vemos con mesura,
nos parece conveniente.

Cuando el humano se enfada,
perdiendo entonces la calma,
él decide no hacer nada,
pues no le sale del alma.

Pensando en cosas extrañas,
me pregunto preocupado:
¿tienen alma las arañas?
La respuesta yo no he hallado.

También muchos se preguntan
con un insistir rotundo
y en su elucubrar barruntan
que quizá tenga alma el mundo.

Llegar a esta conclusión
es un asunto perverso.
Si el mundo no es excepción,
tendrá alma el universo.

Yo no creo que alma tenga
el vil y oscuro dinero,
ni que el hecho le convenga
al cuerpo del usurero.

Y hablando de lo imposible,
pensemos en los tumores.
Son un hecho impredecible
al llevarse a los mejores.

Agua que no has de beber
es agua que no conviene.
Deja, déjala correr,
pues ella alma no tiene.

Y si del alma seguimos
hablando con profusión,
seguro que descubrimos
que el alma es solo pasión.

Pasión que nos da licencia
para hacer lo que queramos.
Al mundo y su descendencia
sus bellas alas cortamos.

Si el alma no tiene forma
y ella es capaz de volar,
es el alma la que informa
de un hecho tan singular.

Ahora quisiera expresar
sin ninguna pataleta
que no me gusta aceptar
que hay alma en la bicicleta.

# EL BÁCULO

Lo necesita el humano
a partir de cierta edad.
Él es su tercera mano,
que le da estabilidad.

Lo libra de un alto riesgo
al bajar los escalones,
eliminando el mal sesgo
de errabundas decisiones.

Válgame el dios de los mares,
el que todo lo endereza.
En llamarlo no repares,
obviando tú la pereza.

Él te ayudará a vagar
por las sendas de la vida,
pues te podrás apoyar
esquivando la caída.

Aún no lo necesito
aunque los años me acosen.
Es cuestión de un momentito
que mis piernas se anquilosen.

Para usarlo no tendré
ni impedimento ni obstáculo,
uno yo me compraré.
Me estoy refiriendo al báculo.

# EL BICHITO

Nos dicen que es un bichito
al que nadie puede ver,
pues él es tan pequeñito,
asesino y circunscrito
que debemos huir de él.

Dañino como la cobra,
mata al hombre sin piedad.
Al bicho odio le sobra,
ponzoña, inquina y maldad.

El bicho no es tontería,
es asesino en potencia,
destruye toda alegría,
pues carece de clemencia.

Y hubo un ministro un día,
cuando aquella colza ingrata,
diciendo la tontería:
«Si se cae al suelo se mata».

Ahora sí somos conscientes
de que este bicho es muy serio.
Hay, pues, que pararse en mientes,
pues nos manda al cementerio.

Desde la China ha venido,
si la mente no me falla.
Los chinos nos lo han traído
camuflado en su quincalla.

El año cincuenta y seis
fue cosa nada simpática.
Vos quizá no lo sabéis,
vino la gripe asiática.

Como siempre, ella sirvió
para moros y cristianos
y a esta España le valió
para reducir ancianos.

Es perverso y malhadado,
contrario a los buenos idus,
astuto y mal encarado,
lo llaman coronavirus.

Un amigo que ha leído
un poema tan confuso
me ha dicho que le ha servido
para estar fuera de uso.

Gracias, Paz, por estas palmas
surgidas de tu conciencia.
Confortan las santas almas
ante tanta incongruencia.

# El bichito II

El bicho vuela y se esconde
en los huecos de la nada,
infecta lo mismo al conde
que al novio de la criada.

El bicho tiene intenciones
de exterminador certero,
no respeta a las naciones,
se propaga muy ligero.

Tomemos las precauciones
que la ciencia recomienda,
pues no existen soluciones
para quien se desentienda.

Yo quiero contribuir
desde mi estatus de viejo,
no llegando a discutir
ni jugarme yo el pellejo.

Expectante está ese bicho
para cobrarse la pieza,
los doctores nos lo han dicho
que el insensato tropieza.

Un tropiezo sí es real,
el bicho va y nos penetra,
causa irreparable mal
en el pecho y en la uretra.

No distingue a quien ataca,
para él todo el mundo vale,
es silente y no destaca,
él vencedor siempre sale.

A un político oí decir
que la ciencia son pamplinas,
de ella debemos huir
e implorar por las esquinas.

¿A quién hemos de pedir
que acabe con la hecatombe?
¿Hacia dónde hemos de ir
para que se salve el hombre?

El humano necesita
que un ser desconocido
ninguna maldad permita
sintiéndose concernido.

Por favor, sigue el consejo
de quien sabe de qué habla.
No seas tú el primer pendejo
que estéril batalla entabla.

Si tú a ti mismo te cuidas
lo haces tú por los demás.
Es hora de que decidas
seguir la regla sin más.

# EL CAN

Hoy es muy común el ver
los perros por las aceras,
lo mismo que pasó ayer
en las horas tempraneras.

Y no es por desmerecer
al fiel amigo del hombre
y también de la mujer,
pues es justo que la nombre.

No sabemos desde cuándo
comenzó la convivencia,
los dos juntos caminando,
hombre y perro en connivencia.

De carácter fiel y dócil,
a su amo se asemeja.
Su animalidad es compleja,
lo dice el registro fósil.

Hay quien a los perros trata
de una manera ominosa
y al fiel animal maltrata
como si fuera una cosa.

Aunque sea un animal,
el perro es un ser viviente
y no es nada natural
lo que hace alguna gente.

Y no es el perro un juguete
regalado en cumpleaños,
y al que lo tiene compete
el cuidarlo sin engaños.

Desciende el perro actual
desde un ancestro común,
es un moderno animal
más brillante que el betún.

Amigo muy especial
de los ingratos humanos,
que a veces lo tratan mal
por razones que ignoramos.

Cuando vemos en la acera
los perrunos excrementos,
es nuestra intención primera
jurar a los cuatro vientos.

El pobre can no es culpable,
pues carece de intelecto.
No lo hagamos responsable,
pues el chucho no es perfecto.

Será al dueño, quien lo cuida,
al que hay que pedirle cuentas.
El buen perro nunca olvida
de su dueño las afrentas.

El perro, que es conocido
desde tiempo inmemorial,
él del hombre siempre ha sido
el buen amigo esencial.

Si pudiéramos saber
lo que el noble perro piensa,
lo podríamos conocer
discerniendo su sapiencia.

Que no me digan que el perro
es un bruto sin sentidos.
Llora al amo en el entierro
con lamentosos aullidos.

Ejemplos hay a montones
del perro y su valentía,
los canes son campeones
de perruna cortesía.

Salvan vidas cuando ocurren
catástrofes en doquiera.
Ellos nunca el bulto escurren,
siempre en la línea primera.

No comprendo cómo hay gente
que los llega a maltratar,
dueños de perversa mente
a los que hay que reeducar.

Hay en todos los idiomas
nombre para definirlo.
Si al diccionario te asomas,
fácil su nombre es decirlo.

Si tú un perrito has pedido
para los Reyes vinientes,
que siempre sea bienvenido
aunque traiga inconvenientes.

Yo finalizo esta oda
al eterno compañero,
a esta mascota de moda,
el cual no es un macetero.

Esto nunca tú lo olvides:
si un perro quieres tener,
si ser su dueño decides,
responsable tú has de ser.

Y nunca a ti se te ocurra
abandonarlo a su suerte
mientras el tiempo transcurra.
Él te querrá hasta la muerte.

Así que, querido amigo,
por favor, sigue el consejo:
no le apliques el castigo
porque el perro ya sea viejo.

# EL CARDO Y LA ROSA

Rosa de color vistoso,
la que nace en los rosales,
dijo al cardo algo espantoso:
«Tú en el mundo nada vales».

El cardo, que lo sabía,
sí se supo defender
y con gran altanería
él le quiso responder.

«Rosa bella y engañosa,
tus pinchos son cual puñales,
tu belleza es peligrosa,
pues hieres a los mortales».

A una rosa me acerqué
para su perfume oler,
pero no me percaté
del mal que puede ella hacer.

En cambio, el cardo es sincero
y a los humanos no engaña.
Él ayuda al buen cabrero
en el campo y la montaña.

Si la rosa nos atrae
con su innegable belleza,
nuestros sentidos distrae
y perdemos la cabeza.

Pues la rosa es una cosa
bella y siempre perfumada,
es como la mariposa,
pero excelsa y bien hallada.

Las rosas tienen colores
atrayentes y especiales,
son bellas entre las flores,
son de amor los manantiales.

Rosa es nombre de mujer,
en sus pétalos esconde
los secretos del placer,
los que al amor corresponden.

Ay, si pudiera saber
por qué la rosa es traidora
y a su alma conocer
cuando despunta la aurora.

Cantarle a la rosa es bello,
su color es poesía
y su belleza es aquello
que alegra y place a la vida.

Vengo de rosas coger,
traigo heridas en mis manos.
Dulces rosas vengo a oler
y ahuyentar a los tiranos.

Rosas rojas, rosas negras,
rosas blanca y amarillas,
cuando las ves tú te alegras
y engalanas las capillas.

Si flor de cardo comparas
con la rosa más humilde
y a observar tú no te paras,
la flor de cardo es tangible.

Ya no puedo seguir más,
pues cuando pienso en la rosa
creo que tú sí lo sabrás
dónde está la más hermosa.

# EL FOCO

Foco es algo que no ves,
pero ilumina el camino
evitándote el traspiés
que entorpece tu destino.

El destino, ese algo incierto
que pertenece al futuro,
es un libro blanco abierto
con texto oculto y oscuro.

Si la verdad vas buscando
y no la logras hallar,
tu futuro estás labrando
en baldío pedregal.

Si tú quieres que te cuente
las cosas que yo prefiero,
dar no es nada conveniente
tres cuartos al pregonero.

El pregonero no pide,
solo predica la historia.
Él no es, pues, el que decide,
solo expresa su memoria.

Tú querrás saber por qué
el pregonero predica
a la luz de su quinqué,
que la realidad amplifica.

¿Pero qué es la realidad
si tocarla no podemos?
¿Es el bien o la maldad?
Eso es lo que no sabemos.

Y sabemos, ¿qué sabemos?
Pues sabemos casi nada.
Nada de esto lo podemos
ver con la nuestra mirada.

Y dicen los entendidos,
y tal vez tengan razón,
que verdad son los latidos
que da nuestro corazón.

El corazón es la clave,
él es la llave del alma,
él es igual que la nave
que navega el mar en calma.

Si pudiéramos saber
por qué la vida es tan corta,
nos podríamos conocer
lo que de verdad sí importa.

Y en la búsqueda seguimos
evitando el desaliento,
empeño en que nos morimos
en los brazos de un mal viento.

Siempre seguimos buscando
en este mundo tan loco,
mirando y averiguando
dónde ponemos el foco.

Como dije hace un momento,
hablo de un foco invisible.
El foco, que es puro cuento
por revelarse intangible.

Y si tú quieres saber
más acerca de este foco,
que intentes tú es menester
encontrar a un sabio loco.

# EL JILGUERO Y TÚ

Ave de bella presencia,
ave de bellos colores,
ave que es una inconsciencia
privarla de sus amores.

Aman el extenso campo,
aman los cardos en flor,
yo digo que es un espanto
el tratarlas sin amor.

Me pides que yo te diga
si te hablo de un ser fiero
y te respondo enseguida
que se trata del jilguero.

Si al jilguero lo cruzamos
con el canario cantor,
un nuevo cantor creamos
cuyo canto es un primor.

Los jilgueros son del cielo,
a cuyo azul pertenecen.
Cazarlos es un gran duelo,
ser esclavos no merecen.

¿Qué mayor esclavitud
que la que un pájaro halla
cuando con mala virtud
lo introducen en la jaula?

La jaula es una prisión
por muy bonita que sea,
hace la vida un jirón
de quien libertad desea.

Libertad es poder volar
trascendiendo el horizonte
y al no poderlo alcanzar
hace su nido en el monte.

Mira si es bella esta ave
que es pájaro de postín
y todo el mundo ya sabe
que la llaman colorín.

Aunque ello esté prohibido,
la cazan con gran placer
sin saber si tiene nido
cuando el agua va a beber.

Yo le pido a quien proceda
que cese en sus pretensiones
y a la tentación no ceda
y reprima sus pasiones.

Tener un jilguero en casa
puede ser una locura,
a la piedad sobrepasa.
¡Liberadlo sin premura!

Qué placer es contemplar
el vuelo de los jilgueros,
qué placer verlos volar,
¡qué trinos tan pintureros!

Yo un jilguero tengo en casa,
mas en un cuadro plasmado.
Cualquier jaula sobrepasa
la bondad del ser amado.

La jaula es una rareza
ideada por los hombres,
va contra naturaleza
aunque por tal no te asombres.

Jilguero que el cielo surcas
con tu continuo volar,
seguro que vas a hallar
los confines que tú buscas.

# EL METRO

Hoy quiero hablar yo del metro,
pero no es el de medir.
Es otra clase de metro,
que es para ir y venir.

En Madrid tenemos uno
que es bueno donde los haya,
seguro como ninguno
de Nueva York a La Haya.

Hoy por fin tiene cien años;
por eso los maquinistas,
echándole sus redaños,
se han convertido en huelguistas.

Su huelga puede ser justa,
mas nunca pone remedios,
porque a los pobres asusta,
ya que carecen de medios.

Limpio, ágil y seguro,
a mí el metro me conviene.
No puedo encender yo un puro
y esto mi salud mantiene.

Tiene muchas estaciones,
llega casi a cualquier parte
al Campo de las Naciones,
algún día llegará a Marte.

Cuando la puntualidad me agobia
cojo el metro sin dudarlo,
evito la paranoia
que produce el evitarlo.

Baratísimo es viajar
en el metro, tren y bus,
pues te puedes relajar
jugando al póker o al mus.

Llegarás hasta muy lejos
en placentero viajar,
usando el bono de viejos
te puedes acomodar.

Hay quienes dicen que es lento
o que está masificado,
yo digo que es el invento
que mejor se ha comportado.

Cuando la comparación
con el autobús hacemos
nos llenamos de emoción.
¡Qué rápido nos movemos!

Tú, que no viajas en metro,
quizá tendrás tus razones.
Este transporte no es retro
al tener nuevos vagones.

Ahora se ha puesto de moda
de nuevo la bicicleta,
la que a la gente incomoda,
pues la hace sentir inquieta.

Eléctrica es la más moderna,
te transporta por doquiera,
no debes mover la pierna.
¡Qué bici tan retrechera!

Otro artilugio ha irrumpido
en las repletas ciudades,
patinete compartido
para todas las edades.

Se empieza a ver donde vayas,
yo pienso que es peligroso.
Él nos convierte en cobayas
traídas del Mato Grosso.

Su velocidad no es poca,
se desplaza entre los coches,
la gente va como loca,
hace de valor derroches.

Tú ya puedes ver algunos
llevando dos pasajeros,
seguros no son ningunos
al ir siempre tan ligeros.

Y como siempre sucede,
con este nuevo artilugio
lo lleva hasta el que no debe
usando algún subterfugio.

Volviendo al metro, yo digo
que adoro sus estaciones
aunque se ve algún mendigo.
Seguro habrá sus razones.

A lo largo de este mundo
hay metros que son el colmo.
Un metro bello y rotundo
es el metro de Estocolmo.

Excavado en el granito,
tiene bellas estaciones,
es un metro muy bonito
que encandila a los mirones.

Dicen, pues yo no lo he visto,
lindo metro de Moscú,
y por eso yo no insisto,
pues no soy ningún gurú.

Pues yo, amigo, no desisto.
Te aconsejo con mesura,
si no lo tienes previsto,
usa el metro sin premura.

# El ocaso

Cuando el ocaso te llegue
sin siquiera tú pedirlo,
es maldad que te conmueve,
intenta no permitirlo.

Y si tú no lo consigues,
que es normal que esto suceda,
demuestra que tú persigues
la eternidad que no llega.

La eternidad es un momento
cuyo fin es su principio,
es cual sempiterno viento,
es lo que al rapsoda el ripio.

Persíguela aunque no puedas
la eternidad tú alcanzar
porque giran sus ruedas
en continuo no parar.

Y si hablamos del ocaso
para el hilo no perder,
rodamos en el acaso
de querer y no poder.

Cuán bella la vida es
aunque su fin siempre llega,
tiene su cara y su envés,
siendo abstrusa, sorda y ciega.

Yo pienso en la eternidad,
qué palabra tan sublime,
pero existe la maldad,
que la belleza suprime.

Y si busco la verdad
dentro del gran laberinto,
no encuentro la libertad
ni empleando yo mi instinto.

Pero veo que no es el caso,
pues si la verdad persigo
siempre yo encuentro el ocaso,
donde ella encuentra su abrigo.

Espero que no me pidas
que el ocaso te defina,
lo llevan todas las vidas
teniéndolo en gran estima.

Si pudiéramos hallar
dónde habita la malicia,
podríamos erradicar
tanta dañina estulticia.

Cuán ingrata es esta vida,
que cuando parece nuestra
viene una bala perdida
haciéndola bien siniestra.

Y aunque sea el último paso
que yo en esta vida dé,
buscaré el quid del ocaso,
aunque el final no lo sé.

# EL TIEMPO QUE VIENE

El tiempo fue un imposible
difícil de discernir.
El hombre lo hizo visible,
consiguiéndolo medir
sin saber si él es factible.

El tiempo pasado fue,
pero nunca más será.
Del presente nada sé;
nada dura, él pasará.

Y el que ha de venir se ignora.
Por más que lo pretendamos
no es posible hallarlo ahora,
vale más que nos rindamos.

Todos queremos saber,
seamos sabios o profetas,
qué nos va el tiempo a traer,
si será un mundo de ascetas.

El tiempo fluye insolente,
corre y vuela sin medida,
querer parar su corriente
es insensato y suicida.

El vocablo «tiempo» sirve
para hablar de muchas cosas,
de lo que es imprevisible
y de las flores hermosas.

Lo usan en el deporte,
siempre lo dan como cierto.
Es tiempo sin sur ni norte
al que llaman tiempo muerto.

Con ello quieren decir
que el tiempo están deteniendo
y él no cesa de fluir,
y es así que están mintiendo.

Mas la mentira piadosa
la religión la tolera,
dándola por buena cosa
como si verdad ella fuera.

Quiero yo del tiempo hablar,
mas mi tiempo ha terminado,
echándome yo a temblar.
Mi tiempo empezó a volar
como un violento tornado.

# EL VERANO

Ha venido don Verano,
como cada junio ocurre,
soltándose de mi mano
cuando llega el mes de octubre.

Es del verano el calor
lo que más nos incomoda,
es época del color
que nos trae la nueva moda.

La ropa se disminuye
a su mínima expresión,
la gente del calor huye
y del rugiente león.

En la playa nos veremos,
el mar azul nos influye
y en sus aguas entraremos;
si no, el calor nos destruye.

En la playa nos bañamos
para el calor desterrar.
Sin ropa somos hermanos,
todo es coser y cantar.

Yo sí prefiero el verano
para del sol disfrutar,
levantarme muy temprano
y así el cielo yo admirar.

Es un tiempo de ensaladas,
de gazpachos y refrescos.
En vez de tomar tostadas,
prefiero los frutos frescos.

Una fabada, qué rica,
mas no es plato de Sevilla.
Con cincuenta grados, chica,
ya no es una maravilla.

Lo que cuadra en todo tiempo
es jamón de pata negra.
De olerlo pierdo el aliento,
solo el verlo a mi me alegra.

Si aprieta mucho el calor
y tú estás anonadado,
usa lo que está mejor,
el aire acondicionado.

Si el calor tú no soportas,
cosa que no es nada extraña,
no tomes ardientes tortas
y márchate a la montaña.

En el monte encontrarás
cuando tu mochila abras
lo que siempre tú ansiarás,
un buen rebaño de cabras.

Las cabras de la montaña,
además de compañía,
si las ordeñas con maña
te darán leche muy fría.

Y si sabes esperar
y no cometes exceso,
después de las ordeñar
te darán un rico queso.

Cuando yo añoro el verano
es que en invierno yo estoy,
con sol caliento mi mano,
pues yo un pingüino no soy.

Al verano yo saludo
con el permiso de enero.
En invierno el frío es crudo,
el verano yo prefiero.

Pingüino, bello animal,
en aguas frías es criado
y en su pasado ancestral
está su presente alado.

No vuela, pero es un ave,
que nada igual un pez.
Lo que la gente no sabe
es que alcanza la vejez.

Llegan en la primavera,
cuando el invierno es anciano,
no existe quien no las quiera,
son presentes en verano.

En el cielo vuelan alto,
no anidan en las encinas,
su velocidad es de infarto,
qué bellas las golondrinas.

No me quiero despedir
sin estrechar yo tu mano.
No me vayas a decir
que no te agrada el verano.

# EL VERANO MANCHEGO

*A mi amigo Pepe, el ilustre navegante,*
*y al resto de mis amig@s de Improving.*

Como barco yo no tengo,
yo no puedo navegar,
mas me suelo solazar
en el verano manchego.

Navegar es gloria pura
aunque yo en la mar no esté.
Yo me haré mi singladura
hacia el sitio que yo sé.

Cuando el calor mucho aprieta,
yo me marcho con premura
a mi piscina de asceta,
la que su agua es gloria pura.

Yo navego entre dos aguas
con la nariz siempre afuera.
No necesito el paraguas,
pues mi ropa es muy ligera.

Meterse en el agua es
una auténtica hermosura,
pues estés tú donde estés
es un placer que perdura.

Con este calor que abrasa,
el sol es una locura.
El verano sobrepasa
a cualquier temperatura.

El agua es un gran recurso
que la vida facilita.
Una vez que acabó el curso,
un baño se necesita.

Qué placer, qué gran contento
cuando tú al agua te acercas.
Cuando en ella estás tú dentro
nadarás como las percas.

No me pidas que revele
dónde obtengo mis recursos.
En el alma a mí me duele
lo que dicen los discursos.

Ahora de hacienda me acuerdo,
otra vez lo han vuelto a hacer,
estos no tienen remedio,
siempre nos hacen perder.

Hunden más mi economía,
aunque hay muchos que no pagan
ni de noche ni de día,
hagan ellos lo que hagan.

Del fraude son campeones,
al poder siempre sufragan.
De ver como ellos no pagan
estoy hasta los co…nes.

Cordones quise decir,
como los que el monje lleva
para al infiel convertir
y que el cielo alcanzar pueda.

Dicen que al cielo ellos van,
me refiero a los ladrones,
pues solo han de confesar
para obtener mil perdones.

Yo no sé si perdonar
sin devolver lo robado
es posible de lograr
ese cielo tan sagrado.

Desconozco lo que haría
si poderoso yo fuera,
pero quizá yo podría
hacer pagar a cualquiera.

Dice el sabio profesor
que a enseñarnos se dedica
que no solo con amor
este mundo se edifica.

La educación es la clave
y no es cosa de partido,
pues todos tienen la llave
para enmendar lo torcido.

Aprender es necesario
para acompañar al tiempo.
Este es un mundo palmario
y no un simple pasatiempo.

Si sabes qué te conviene
tienes que estar preparado,
colocándote tú del lado
del desarrollo que viene.

No te confundas, pues de esto
no hay que esperar plusvalías.
Son un hecho manifiesto
las nuevas tecnologías.

Son nuevas en el momento,
mañana ya no lo son.
O aprendes cual veloz viento
o perderás tu ocasión.

Mas no quiero reiterarme
y aquí os pido perdón,
pero, por Dios, no olvidadme,
insisto en la educación.

Doy un beso a quien proceda
y a otros les doy la mano,
no vaya a ser que suceda
lo que al buen samaritano.

# LA ABEJA

Es la abeja nuestra amiga,
la que rica miel produce,
vuela y vuela sin fatiga.
Qué vuelo, Señor, tan dulce.

A causa de insecticidas
van muriendo sin remedio
y aunque tengan siete vidas
sucumben al gran asedio.

Hay un peligro latente
que acabará con su vida,
aquello que usa la gente,
el maldito insecticida.

Polinizan a las flores
para que frutos produzcan.
Las abejas son amores,
no permitas que sucumban.

Sus casas son las colmenas,
su familia es el enjambre,
precisan de flores buenas
para no morir de hambre.

Cuando veas una abeja,
por favor, tú no la mates,
pues con su volar nos deja
el fruto de los tomates.

Mira si la abeja es buena,
inteligente y sencilla
que regresa a su colmena
aunque se aleje una milla.

Es la abeja muy antigua,
mucho más que los iberos,
y al enemigo apacigua
con sus valientes guerreros.

Si no existiera la abeja,
tal vez nosotros tampoco,
ya que su miel se asemeja
a la manteca del coco.

También la abeja produce
un componente especial
que a los humanos seduce
y es la jalea real.

Cuando una abeja perece
la reina sufre tormento,
pues la abeja se merece
ser tan libre como el viento.

La abeja la flor persigue
para su polen libar
y una vez la miel consigue
lo amargo puede endulzar.

Cada abeja es un misterio
cual la vida del Tenorio;
y, siguiendo un buen criterio,
su cuerpo, un laboratorio.

No es fácil de discernir
cómo ella la miel produce,
devolviendo en elixir
lo que en su cuerpo introduce.

Es la miel que ella produce,
además de su alimento,
el néctar jugoso y dulce,
que es auténtico portento.

La abeja tiene en el cielo
un enemigo mortal,
es el que la caza al vuelo
con su destreza especial.

Y ese enemigo es un ave,
según lo que yo deduzco.
Él tiene un volar suave
y se llama abejaruco.

Hay un animal terrestre
que resulta peligroso
en el norte y en el este,
tratándose pues del oso.

Paréceme a mí espantoso
que alguien tan fiero y cruel
como es el rudo oso
sea un auténtico *gourmet.*

Es una mala fortuna,
lo que digo no te asombre,
pues si no queda ni una
la culpa la tiene el hombre.

Quiero pedirte un favor,
que cuando veas las abejas
tú las trates con amor
y sus vidas tú protejas.

# LA BRISA

Tenue brisa mañanera,
la que mi cara acaricia,
trepa cual enredadera
que carece de malicia.

Su suave discurrir
hace despertar mi mente
y así puedo discernir
quién dice verdad y quién miente.

Pues si distinguir no puedo
aquello que me conviene,
mi vida será un enredo
que en la nada se entretiene.

En eterno deambular
por desierto y tierra yerma,
imposible es calibrar
la mente sana y la enferma.

*Mens sana in corpore sano,*
que dijeron los latinos.
No hablaban del pueblo llano,
hablaban de los divinos.

Nadie se atreve a pensar
cuando abre la nevera
que está empezando a soplar
tenue brisa mañanera.

Si tú sabes distinguir
entre la brisa y el viento
vivirás como un faquir,
sin que te falte el aliento.

Y permíteme decir
lo que significa viento.
Es fácil de colegir,
es el aire en movimiento.

Si la observas con mesura,
sin agobios y sin prisa,
verás qué cosa tan pura
es la estimulante brisa.

Brisa pura que alimenta
cuerpo, corazón y mente,
cuando se convierte en viento
entorpece a mucha gente.

# LA CONFIANZA

En su eterno deambular,
la confianza es paloma.
Buscando donde anidar
a tu ventana se asoma.

La confianza sí existe,
en su honor rompo una lanza,
ella al humano lo asiste,
donándole su templanza.

Sería como un erial
la vida sin confianza,
no se podría soportar,
pues sin ella el mal avanza.

Lo normal es confiar
en el prójimo cercano
para no perjudicar
a todo el género humano.

Confiar en el amigo
es el más bello ejercicio.
Él es el mejor testigo
del amor sin desperdicio.

La confianza en el hombre,
así como en la mujer,
esto que a nadie le asombre,
así es como debe ser.

Si no tienes confianza
tu vida será un infierno,
inclinará la balanza
conduciéndote al averno.

El hombre que desconfía
de la luz del ancho mundo
y con los otros porfía
se hundirá en lo más profundo.

Para un discurrir tranquilo
hay que tener confianza
y no hay que perder el hilo
buscándola en lontananza.

Yo confío en que se me entienda
si de confiar yo hablo
y las conciencias distienda
sin que las ciegue el diablo.

# LA CRIBA

Estamos aquí, varados
cual barca en playa sin agua,
mas seguimos ocupados
bajo protectora enagua,
huyendo de los malvados
para ver quién más se salva.

Hay muchos que ya han salido
después de ser asaltados
por el virus tan temido,
que los dejó desarmados.

Después de tal experiencia
inmunizados quedaron,
por confiar en la ciencia
tal vez ellos se salvaron.

A Satán todos maldicen,
pero es lo cierto y verdad
que todos los sabios dicen
que es débil la humanidad.

Debilidad manifiesta
que niegan los ignorantes,
temeridad deshonesta
que contenta a sus votantes.

Los hay que votan a ciegas
por convicción deleznable.
Los devorarán las meigas,
hiriéndolos con su sable.

Sable que blanden los tirios
ensartando a los troyanos,
los que infligen los martirios
teniendo sangre en las manos.

Manos sucias de matar
a los pobres inocentes.
Algunos suelen hablar,
diciendo que son valientes.

Y dicen que son valientes
por aplicar el invento,
que masacrando a las gentes
aplastan su descontento.

Descontento que, sin duda,
el pueblo ya manifiesta.
Dejando a su gente muda
acabaron con la fiesta.

Fiesta que en tiempos pasados,
y aunque la vida fue dura,
los súbditos dominados
vivieron en dictadura.

La dictadura, señores,
es por desgracia en el mundo
algo que trae mil horrores
y es obra de un ser inmundo.

Inmundo por su maldad,
que aplica sin compasión,
y es la triste realidad,
dictadura es corrupción.

Corrupción de la conciencia,
la libertad y el honor.
Aquí acabó mi paciencia,
pues no soporto el horror
al producirme demencia
por su nauseabundo hedor.

# La espera

Es esperar de pacientes
aguardando que les llegue
el calor de los ausentes,
de almas blancas como nieve
esparciendo sus simientes.

El que espera desespera,
dice aquel sabio refrán.
Quien se consume en la espera
de su espera hace un afán.

Hay quien espera que el mundo
se convierta en algo justo,
algo entrañable y profundo,
sin dolores ni disgusto.

Esperando que nos llegue
la esquiva incierta fortuna,
ni a gusto de todos llueve
ni se apagará la luna.

Dices que tú desesperas
esperando tu esperanza.
No llores por las laderas
del monte de la tardanza.

Cuánto tiempo él esperó
a que le llegara el turno.
Él nunca se percató
de lo incierto que es el mundo.

Si esperamos que nos llegue
lo que al fin no llegará,
y aunque este barco navegue,
nunca a puerto arribará
sin que un vendaval lo lleve.

La esperanza es como lanza
que en el corazón penetra,
hiriendo toda esperanza
de abrir la blanca *finestra*.

Y así, de tanto esperar
que la suerte te acompañe,
no debes desesperar
por mucho que ella te engañe.

Viento que sopla incesante,
matando toda esperanza
de que el mundo se levante
como hiciera Sancho Panza.

El canto de la sirena
que se escucha en la distancia
causa al marino gran pena,
presa de la intemperancia.

Otro año que termina
con ternura impenitente,
año nuevo que me anima
y es el año dos mil veinte.

Y aquí termina esta oda
acerca de la esperanza.
A mucha gente incomoda
el que otros llenen la panza,
pero esa es, chico, la moda.

# LA FELICIDAD

«La felicidad no existe»,
un experto a mí me dijo.
Es como el toro que embiste
en las lindes de un cortijo.

El cortijo del que hablo
es verdadera entelequia,
no tiene cuadras ni establo
ni pantomima ni exequia.

La pura exequia es asunto,
si la usamos en plural,
con el que se honra al difunto
cuando el mundo va a dejar.

Dejárselo todo aquí,
allá no lo necesita,
pues es puro maniquí
que en la eternidad dormita.

Dormita en un sueño eterno
del que no despertará
y, aunque se vaya al infierno,
al mundo no volverá.

Volver es un regresar
hasta la anterior rutina
y así poder enmendar
la vil envidia y la inquina.

Inquina, infausta palabra,
de la vida hace un calvario,
es la forma más macabra
de tratar al adversario.

El adversario no siempre
es nuestro propio enemigo
y, aunque lejano se encuentre,
no se merece el castigo.

El castigo siempre es duro,
pues destruye a las personas,
siendo enemigo seguro
dentro de nuestras neuronas.

Las neuronas son las hadas
que al cuerpo sin tregua animan,
son las ingentes mesnadas
que junto al alma caminan.

Caminando, caminando
la esquiva meta alcanzamos,
pues eso vamos pensando,
aunque nunca lo logramos.

Logramos cosas sin cuento
que nunca son suficientes.
El querer más es tormento
que nubla a todas las mentes.

Las mentes, como dijimos,
ellas son las responsables
y, aunque a veces no quisimos,
son como afilados sables.

Los sables son armas blancas
que al cuerpo y al alma hieren,
y hasta las personas mancas
ellas manejarlas pueden.

Querer no es siempre poder,
el poder es de unos pocos.
Los demás suelen perder
cegados por falsos focos.

Los focos no siempre son
los faros de nuestra vida,
pues la lucha y el tesón
suelen ganar la partida.

La partida que menciono
no es un juego ni una broma,
es la que mantiene el tono
del vuelo de la paloma.

No es la paloma real
de la que en el verso hablamos,
solo es el ave ideal
que a todas partes llevamos.

Llevar no solo es un verbo,
se refiere a transportar
los bienes de nuestro acervo.
La esencia está en acertar.

Al acierto llaman suerte
sin fundado fundamento,
pues solo es cierta la muerte
y la verdad de un convento.

El convento es donde habitan
personajes religiosos,
los que poco necesitan,
pero nunca están ociosos.

*Ora et labora* es su lema,
trabajan siempre en su huerto,
su alma el fuego no quema
y siempre arriban a buen puerto.

# La Feria de Sevilla

A la Feria de Sevilla
vino un francés a copiarla,
pero al ver tal maravilla
ya no quiso abandonarla.

Oler la esencia en el aire
que perfuma el azahar,
de sus gentes el donaire,
ya no se quiso marchar.

Se ensanchó su corazón
en cuanto aspiró la brisa,
se abrió su justa razón
en el parque María Luisa.

Al pasear por Triana
y ver la Torre del Oro,
una cálida mañana
fue a contemplar tal tesoro.

Cuando sus ojos miraron
el río Guadalquivir
sus sentidos se ensancharon,
de allí no se quiso ir.

El barrio de Santa Cruz
al francés lo subyugó,
lo cautivó con su luz
y quedarse decidió.

Al ver la Giralda enhiesta
sin palabras se quedó
y su belleza admiró
con alegría manifiesta.

Visitó la catedral
y le pareció un portento,
largo tiempo la admiró,
hasta perder el aliento.

A la calle Sierpes vino
para poderla admirar
y el hombre tuvo un gran tino
al sus tapitas probar.

Una tarde conoció
a una guapa sevillana
y en Sevilla se quedó,
allá en la inmortal Triana.

# LA FILA

Si tú vas a Venezuela
en la cola te pondrás
para llenar la cazuela,
es lo que hacer tú tendrás.

También es fila la cola,
las dos son la misma cosa,
mas la fila no está sola,
siendo la cola otra cosa.

Me lo vas a permitir
que te describa la cola
si al mercado tú has de ir
a comprarte una escarola.

Es posible que me exceda,
pues tener cualquier verdura
solo quien pagarla pueda
o la busca en la basura.

En países como España,
donde comida tiramos,
hay gente que no se apaña
por carencias que arrastramos.

Diez millones de españoles
(y no es cuestión de pereza,
la cosa tiene bemoles)
están en franca pobreza.

Fila o cola qué más da,
si al cabo de estar se trata
donde el que no tiene va
a implorar una patata.

Si quieres ir a un concierto
tú entradas has de comprar,
la cola tú has de guardar,
eso dalo tú por cierto.

Estaba un hombre en la cola
en la Rusia comunista,
pues le contaron la bola
que había cosas de su lista.

La lista que el tal llevaba
era muy simple y cortita,
solo en comprar él pensaba
con que llenar la marmita.

Qué duro debe de ser,
después de guardar la fila,
que tú tengas que volver
sin siquiera llevar tila.

Porque hemos llegado a ser
ya casi ocho mil millones.
Muchos somos a comer,
la cosa tiene… sillones.

Cuando una venga a pedirte,
aunque no guarde la cola,
piensa que no quiere herirte,
vacía está su cacerola.

Pues la soledad es muy triste
para aquel que la padece;
que, como en ojo el alpiste,
la soledad mucho escuece.

Ay, qué pena y qué dolor,
que hasta la misma mosola
ha de nadar con ardor
para no perder su cola.

La mosola es un pescado,
familia de tiburones.
Es liviano, no es pesado,
alimento de mormones.

Es la cola del caballo
mechón de pelo elegante
como la cola del gallo,
de belleza fulgurante.

Hay la cola de pegar,
la que llaman pegamento,
que sirve para juntar
la tierra y el firmamento.

Lo que se dice pegar
es un sintagma violento,
sirve para maltratar
a todo aquel que está hambriento.

Hay una cola especial,
la que hace el artesano,
no es cola de un animal,
aunque es cola de milano.

# LA FRUTA

La fruta el hombre la toma
desde que a la tierra vino.
Cuando en cantidad la coma
le hará más grato el camino.

Cuando en el árbol vivía
al abrigo del peligro,
la fruta siempre comía
en vez de leer un libro.

La fruta es muy variada
en tamaños y colores,
como alimento apreciada,
ofreciendo mil sabores.

Contiene más vitaminas
que los sobres de farmacia.
¡Recuerda las mandarinas!,
fruta sabrosa y con gracia.

En todo tiempo tenemos
la fruta de temporada,
con fruición nos la comemos
por sabrosa y deseada.

Le cantaron los poetas,
la comieron los soldados,
la llevan en las carretas
a vender a los mercados.

Niño, cómete la fruta,
nos presiona nuestra madre.
Aunque no usa fuerza bruta,
nos lo ordena cada tarde.

Quiero hablar de la sandía,
que es típica del verano.
Si ella está dulce y muy fría
la comemos con la mano.

El melón, su primo hermano
aunque tenga otro color,
es fruta que el ser humano
disfruta con gran fervor.

# La fuente

Pura y cantarina fuente,
tu agua vida nos da.
Tú, con tu mansa corriente,
persigues la eternidad.

Fuente de entrañas divinas,
fuente que al mundo alimentas,
no tienes bordes ni esquinas
y a los vivientes alientas.

Hay fuentes ornamentales,
que sirven para alegrar
la vista de los mortales
sin nada que alimentar.

Hay veces que de una fuente
mana el agua con gran brío,
convirtiéndose en corriente,
haciendo nacer un río.

El río que fertiliza
la tierra que encuentra seca,
con su corriente armoniza
como al bollo la manteca.

Pero lo que es imposible
es que el mal desaparezca.
Aunque hagamos lo indecible,
no habrá quien nos lo agradezca.

Y tú debes intentar
convencer al renuente,
que debe perseverar
como siempre hace la fuente.

Mañana de niebla espesa
que el cielo no deja ver,
la humedad de la dehesa
la fuente va a abastecer.

Días de tormenta potente
y de fuerte vendaval
hacen que la pobre gente
lo pase bastante mal.

Si yo aseguro una cosa
no soy un inconsecuente.
La vida, digo, es hermosa,
pues lo sé de buena fuente.

Y aquí mis velas arrío
navegando hacia poniente,
resguardándome del frío
de un levante impertinente.

La fuente que reconforta
con húmedo resplandor
deja a la fémina absorta
a causa de un gran amor.

El amor que fuerte fluye,
como el agua de una fuente,
es el amor que destruye
el fragor de la corriente.

El amor, siempre el amor,
es el que al mundo conduce,
con su brillo y resplandor
a amar la vida induce.

Y lo vuelvo a recordar,
pues mi memoria no miente:
es un gozo navegar
dentro de una mansa fuente.

# LA MAR OCÉANA

Las olas mi cuerpo mecen
cuando me adentro en la mar
y en el tiempo permanecen
coartando mi regresar.

Ayúdame, marinero,
a ese mar azul cruzar,
pues quiero ser el primero
en su seno descansar.

Cuando tu música escucho
yo a ti quisiera abrazar.
Sé que lo que pido es mucho
y no lo podré lograr.

Como los peces que vienen
y nadando sin parar
su corta vida mantienen,
no dejándose pescar.

Azules sois, bella olas
que me place contemplar,
como blancas amapolas
que el viento agita al pasar.

Olas que hacia tierra vienen
y al horizonte se van,
olas que en sus crestas tienen
un muy cómodo diván.

Cuando una ola se rompe
sufre dolores la mar.
Lo bello así se corrompe,
impidiéndonos amar.

Quién fuera pez en el agua
y eternamente nadar,
quién fuera hierro en la fragua
y al tiempo poder forjar.

Del agua todos venimos,
no lo podemos negar.
Cuando en las olas dormimos
no queremos despertar.

Tú, que tanto te acongojas
cuando contemplas la mar,
si te introduces te mojas
aunque tú sepas nadar.

# LA MAR... EL MAR

Tiene la mar extensión
para sumergir la tierra.
Hay quien tiene la opinión
que estos son tiempos de guerra
a causa del gran felón
que a glaciares desentierra,
pues si al hielo se destierra
peligra nuestra razón.

Es esta mar tan inmensa
que se puede permitir
disfrutar de la dispensa
de poderse definir
como el que la nombra piensa
a la hora de decir
si la mar está indefensa
y está en riesgo de morir.

La mar, ay, qué maravilla,
tal vez sea por ignorancia.
La razón es bien sencilla,
pues tiene más importancia
porque ella es una chiquilla
que desde su tierna infancia,
lo mismo en Rusia que en Francia,
cuando el sol la baña brilla.

Hay quienes dicen el mar,
desconozco sus razones
para la así denominar.
Tal vez sea por las canciones
que así la suelen llamar,
mas en todas las naciones
la podrían denominar
madre de los tiburones.

Tiene la mar tanto empaque
que le cantan los poetas.
Para que siempre destaque,
la nombran usando tretas
que su grandeza delaten
más que las nobles pesetas,
que la pobreza remate
con las repletas macetas.

Mirarla me sobrecoge
por su grande majestad,
no hay barco que no se moje
en la enorme tempestad.
Lo mismo la cruza el monje
en sempiterna hermandad
y su faltriquera esponje
por la maldita impiedad.

El mar ha de ser lo mismo
que la mar que yo describo.
No existe ningún abismo
donde plantar ni un olivo,
ni escribir ningún guarismo
que rescate del olvido
al perezoso absentismo
sin arrancarle un quejido.

Los productos de la mar
son como gloria bendita,
no los dejes de probar.
El paladar siempre excitan
el sabroso calamar
y la caballa exquisita
acabada de pescar.

# LA NADA

El polvo cubre las cosas
que creó la Madre Tierra.
Ya sean feas, ya sean hermosas,
el fenecer las encierra
en profundas negras fosas
y en una lejana sierra.

Cuando el portador se borra
de la lista de los vivos
ya no hace falta que corra,
él ya no está en los archivos.

Y si vivió años cien,
tuvo muchas ocasiones
de hacer en su vida el bien
en el mundo y sus regiones.

Polvo somos, según dice
el libro antiguo y sagrado,
y su palabra bendice
al muy bienaventurado.

¿Por qué será que imploramos
cuando las cosas mal vienen
y siempre nos olvidamos
de quienes más suerte tienen?

Levantemos nuestra frente,
huyamos del pesimismo,
pues la ciencia nunca miente
ni nos conduce al abismo.

Cantemos bellas canciones
tan dulces como la miel,
y que tengan las naciones
corazón dulce y no hiel.

Ser alegres no es lo mismo
que dejarse amilanar
por el negro pesimismo
si nos viene a visitar.

Me pregunto anonadado
cómo será el universo.
Quizá es grande como el hado,
que es tan mágico y diverso.

En mis preguntas yo ceso,
pues si respuestas no tengo
para qué perder el seso,
mejor me marcho y no vengo.
Y será quizá por eso
que de la nada provengo.

# LA PALABRA

La palabra, ese gran don
del cual el hombre disfruta,
lo convierte en campeón
de naturaleza hirsuta.

La palabra también es
un peligro mal usada.
Tiene derecho y envés
para volver del revés
al más justo y su mesnada.

Sirve también para odiar
a quien así lo merece
y hasta se puede matar
a todo aquel que se tuerce
a la hora de actuar.

Los campos plenos de mies
dan pan que nos alimenta,
permitiéndole al ciempiés
zafarse de la tormenta
subiendo presto a un ciprés.

Antes la palabra fue
la cosa igual que un contrato,
a un joven se lo expliqué.
Me dijo: «No lo constato».
«Ni yo comprendo el porqué».

El hombre que escribe y labra
el campo de su conciencia
nunca pierde la paciencia,
ni peca de impertinencia
por el don de la palabra.

Palabra de caballero
valor tenía como el oro,
hoy la utiliza el trilero
para decirnos que un loro
es el príncipe heredero.

¿Quién dijo que la palabra
es no más que una entelequia?
Que con los cuernos de cabra
sea la bruja de la acequia
la que sus puertas nos abra.

# LA RAZÓN

La razón es atributo
que Dios concedió al humano,
es la que disuade al bruto
de atentar contra su hermano.

Al nacer, si la tenemos
nadie lo llega a saber.
Ejercerla no podemos
como fuere menester.

Es la razón la herramienta
que a la fuerza sustituye,
es la que te abre la puerta,
la que a todo mal destruye.

La fuerza de la razón
no siempre la guerra gana,
se impone la cerrazón
de la fuerza soberana.

Pero qué razón tenía
cuando aquello dijo el sabio,
que la razón prefería
al «sí, señor» del lacayo.

El hombre ha de despertar,
dejando de usar la fuerza.
Nunca debe tolerar
que el mal su poder ejerza.

Razonar es convencer
al hermano de tu hermano,
no lo pretendas vencer,
dale en ayuda tu mano.

Tiene razón quien te dice
que debes amar la Tierra;
ella es la que nos bendice
desde el llano hasta la sierra.

Dame tú buenas razones
para que mi vida sea
la de egregios campeones
que vencen a la odisea.

No sé si tengo razón
cuando intento razonar,
mas si doy un tropezón
¿qué razón te puedo dar?

# La Unión

La Unión, ciudad de Levante,
vecina de Cartagena.
Su mineral fue abundante,
hoy sus minas me dan pena.

Ya dejaron de existir
como fuente de trabajo,
se terminó su elixir,
ahora son feudo del grajo.

La Unión es el resultado
de tres pueblos colindantes
que asumieron el legado
de riquezas abundantes.

Algo más de dos mil años
tiene su historia minera,
éxitos y desengaños
forjaron su vida entera.

La plata, el plomo y el zinc,
abundantes minerales,
parecían no tener fin
en filones ancestrales.

Allá por los años veinte
la minería renació,
pero nadie fue consciente
de que el ciclo terminó.

Vino la guerra civil
para darle la puntilla;
su gente bajó a diez mil,
mucha menos que Jumilla.

Hoy ha vuelto a renacer
mucho gracias al turismo,
y lo que sí es menester
es que no vuelva al abismo.

Fue en tiempos muy complicados
que allí viví varios años,
años bien aprovechados,
tiempos de oro y desengaños.

Hoy, que es ciudad bien moderna,
tiene unas gentes divinas.
Su nombradía es tremenda
por el Cante de las Minas.

Se trata de un festival
que se celebra en agosto
y es donde van a cantar
los principiantes sin rostro.

Me emociona el comprobar
cuando a veces la visito
que ciudad tan especial
al fin hallará su sitio.

Hay un trovero actual,
Andrés Cegarra el Conejo.
Su apodo no es casual,
es trovero con gracejo.

Improvisa sin parar
este conejo que vuela,
a La Unión suele cantar
Andrés Cegarra Cayuela.

Andrés Cegarra es su nombre,
lo de conejo es el mote,
pues él es el tercer hombre
de los «conejos» del lote.

Viene de estirpe trovera,
de «los conejos» tercero,
dice el trovo a su manera,
es un excelso trovero.

Arte al que hay que apoyar
sin dudas ni condición,
el arte del buen trovar
se puede hallar en La Unión.

Si te complace el buen trovo
y escucharlo es tu ilusión,
ven a escuchar el tesoro
del festival de La Unión.

# La urta

Una urta yo he comprado
que no es grande ni pequeña,
cuatro kilos ha pesado,
voy a hacerla a la roteña.

La urta es un gran pescado
que hoy no es fácil encontrar,
de textura delicado
si lo sabes cocinar.

Era un pez muy abundante,
pero con la sobrepesca
su cantidad no es bastante
para llenarte la cesta.

Pero de todas maneras,
aunque sea de tarde en tarde,
(o sea, de uvas a peras)
la compras y va que arde.

En Madrid no es nada fácil
que la puedas encontrar.
Su aspecto es bastante grácil,
tiene estatus de manjar.

Este pescado me pirra,
será porque fui marino.
En lugar de incienso y mirra,
yo la guiso con buen vino.

El vino que yo utilizo
es un vino de una vez.
Que viva aquel que lo hizo,
¡viva el vino de Jerez!

Le dieron fuerza los guiris
que vinieron de Inglaterra,
tiene color de arco iris
y la tristeza destierra.

Y vuelvo a hablar otra vez
de vinos tan importantes;
les sienta bien la vejez,
son vinos de maestrantes.

El vino alegra la vida,
y el de Jerez mucho más,
es una excelsa bebida,
exquisita por demás.

Mas cosas hay necesarias
que sí evitan la hecatombe
y hay personas solidarias
que le dan la vida al hombre.

El hombre fue en un principio
hijo de un Dios verdadero
y, según nos dice el ripio,
fue creado lo primero.

Crear es acto sublime,
pues de la nada procede
y a la humanidad dirime.
Solo crea aquel que puede.

A medida que descubro
la grandeza de un buen verso
ante el bardo me descubro,
su rimar es su universo.

Yo te pido por favor
que no me malinterpretes
el enorme y gran fervor
que siento por los chanquetes.

Chanquetes, manjar prohibido,
de contrabando se encuentran.
Es un crimen concebido
por quienes la mar secuestran.

Aseguran que el chanquete
él es un pez en sí mismo,
dinero en la caja mete,
muy bien lo paga el turismo.

Ahora estoy convencido,
lo digo de mil amores,
de que el chanquete es salido
de aquellos peces mayores.

Comencé hablando de urta
y me desvié un montón.
Si quieres ponme una multa
por saltarme yo el guion.

Termino la narración,
ya que el pez está esperando
con verdadera emoción
que lo vaya cocinando.

Los lomos los congelé;
tú dirás: «¡Qué disparate!».
El resto lo cociné
con pimientos y tomate.

# LA VIDA

La vida no se detiene,
su sendero es infinito,
perenne avanzar mantiene
aunque salte de hito en hito.

Mientras el cerebro vive,
la vida en el cuerpo alienta,
pero nadie supervive
cuando se cierra la puerta.

Las creencias son quimeras,
son solo un acto de fe,
son ellas las que hacen veras
aquello que no se ve.

Nos informa la razón
que todo lo que es posible
está en nuestro corazón,
lo demás es intangible.

La vida es la que contiene
los secretos de este mundo,
por eso no se detiene
en su caminar fecundo.

La vida aquí nos mantiene,
mas no sabemos por qué,
si es porque a ella le conviene
o es asunto de Undivé.

Cuando lúcido me encuentro,
yo a la vida le pregunto
por qué a veces es tormento,
este es el quid del asunto.

No pidamos a la vida
milagros ni lo imposible,
pues solo tiene salida
todo aquello que es factible.

En su eterno deambular,
la vida siempre retorna.
Su acierto es recomenzar,
mas sin saltarse la norma.

# Lágrimas

Lágrimas que se deslizan
por los cauces de tu cara
con su rodar eternizan
el dolor que el mal depara.

Lágrimas turbias y amargas
que queman tu suave piel,
ellas esperan que salgas
a endulzar la amarga hiel.

Lágrimas que el río alcanzan
en su eterno discurrir
por tu piel surcada avanzan
sin mitigar tu sufrir.

Lágrimas blancas y azules,
negras, rojas y amarillas
bajan de los abedules,
sus gotas con el sol brillan.

Lágrimas que vida tienen,
ellas la pena alimentan,
todas del alma provienen
y pasión y amor despiertan.

Lágrimas, perlas rodantes
que hacia el río se encaminan
espantando a caminantes
y al que sufre lo dominan.

Lágrimas mansas de miel,
las que del amor nacieron,
por los surcos de tu piel
sus caminos recorrieron.

Lágrimas de la amargura,
que queman como el volcán,
son la eterna desventura,
dañinas son cual caimán.

Lágrimas secas, sin agua,
ellas son muy dolorosas,
son como el hierro en la fragua,
el que destruye las rosas.

Lágrimas del disimulo,
derramadas con sigilo,
pues son como el llanto nulo
del muy feroz cocodrilo.

Más lágrimas hay, seguro,
que declino describir.
Después de saltar el muro
he de marcharme a dormir.

Antes de acabar yo tengo
que rellenar esta lámina,
lo que digo lo sostengo
con la fuerza de mi ánima.

Y colorín colorado,
como la fábula dice,
esta oda se ha acabado
sin que un vate lo autorice.

# LAMENTACIONES

Desde que yo te encontré
la paz en mí terminó,
mi vida ya nunca fue
la que mi espíritu ansió.

Yo te quise desde siempre,
tú me decías que también,
mas no es fiable aquel que miente,
su actuar nunca hace el bien.

El mal rompe corazones,
la mentira los entierra.
Él nunca atiende a razones;
ama, sin dudar, la guerra.

La guerra con su fragor
toda belleza destierra,
con su falso resplandor
mata el amor en la tierra.

Cuando recuerdo aquel tiempo
en el que tanto te amaba,
se me escapa aquel aliento
que mi pulso alimentaba.

¿Por qué tú mi amor desprecias
sin parártelo a pensar?
¿Por qué tantas peripecias
paso yo por a ti amar?

Si yo tanto a ti te quise,
me pregunto acongojado
qué cosa tan mal yo hice
para ser tan desgraciado.

Despreciado por tu amor
y también por tu atención.
Yo te quise con ardor,
pero te importé un limón.

Al limón se le desprecia
por ser agrio en su sabor,
como góndola en Venecia
que le canta al desamor.

Ahora pienso: «¡Estoy curado
de un amor tan puro y necio!».
Ya mi vida he cambiado,
por ti siento yo desprecio.

Cuando digo «no te quiero»
mi corazón se acelera,
producto de un mal agüero
que por tu desprecio impera.

Nunca sabrás lo que aprecio
poder mirarme en tus ojos,
me matas con tu desprecio
como el fuego a los hinojos.

Las olas del mar que vienen
son fuertes y turbulentas,
ellas nunca se detienen
en aguas tan virulentas.

Dímelo aunque sea mentira,
por caridad te lo pido.
Me estoy quemando en la pira
de un amor incomprendido.

Navegar en este mar
donde se escapa mi vida
es como querer andar
por senderos de saliva.

Pido al dios de los ancianos
que con él por fin me lleve;
eso sí que está en sus manos,
las que son de blanca nieve.

Mujer sin alma y sin tino,
tú has hecho que crezcan cardos
maldiciendo mi destino
como hacen los malos bardos.

Ya me despido de ti,
no deseo volverte a ver,
me estoy marchando de aquí
para nunca más volver.

Y aunque mi andar por el mundo
comprenda muchas naciones,
mi vivir será infecundo
por tantas lamentaciones.

Y aunque mil veces lo diga,
nunca yo te olvidaré.
Aunque sea muy cuesta arriba,
yo siempre a ti te amaré.

# LAS ELECCIONES

Se acercan las elecciones,
sin excusa hay que votar.
Si no salen tus opciones
ya no te podrás quejar.

Tú decides con tu voto
quién te ha de gobernar.
Es desde tiempo remoto
la decisión popular.

Si el que gobierna es honrado
hará lo que está mejor,
pero cuando es un malvado
su gobierno es un horror.

Si votar es un derecho,
es también obligación.
Del dicho al hecho va un trecho,
hay que pasar a la acción.

Cuida bien a quién tú votas,
pues al votar siempre al mismo
tú de poder a él lo dotas
para llevarte al abismo.

No votar no es una opción,
tu voto es una herramienta
que permite a tu nación
rechazar a quien la afrenta.

El voto es la gran conquista
de la griega democracia,
pues no hay que perder de vista
que no votar es desgracia.

Los antiguos recordamos
aquella triste aventura
donde ataron nuestras manos
por mor de la dictadura.

Y no es que la democracia
sea la inmortal panacea,
pero tiene poca gracia
quien del gran yugo alardea.

Hoy te quiero recordar
que has de ejercer tu derecho,
tú debes ir a votar,
pues el ogro está al acecho.

Pero atención a tu voto,
que esté acorde con la ley.
No crees un terremoto,
pues te debes a la grey.

Anda y ve a votar, amigo,
no seas tan insolidario.
No digas «me importa un higo»,
pues votar es voluntario.

# LAS HISTORIAS

Las historias que yo cuento
en mi modesta poesía
son aquellas que me encuentro
dentro de la hipocresía.
Ni un invento del momento,
ni una dulce malvasía,
ni bordean el esperpento,
ni rozan la fantasía,
ni caminan contra el viento,
que es el que mueve la vida.

Historias, al fin y al cabo,
que no tienen parangón,
de las cuales me deshago
echándolas al fogón
o yo con ellas le pago
el salario al mal ladrón
que pesca siempre en el lago,
pues robando es campeón,
ya que además es el vago
que hace el mal al alimón.

Yo sé muy bien lo que digo,
pues en la calle estudié,
mi profesión fue mendigo
yo sin padre me crie,
sufriendo siempre el castigo
del que nace con mal pie.
Nacido de madre fui
como todo ser humano,
pero la suerte perdí
al ser hijo sin hermano.

Si tuve hermano no sé,
pues la calle fue mi casa.
A la vida desperté
encogido cual la pasa,
pues mi fortuna dejé
en el vientre de Tomasa,
que es la que mi madre fue.
Su recuerdo me traspasa
cual dardo de mala fe
clavado en la blanda masa.

# LAS VACACIONES

Hoy llegan las vacaciones
para todos los de Improving.
A disfrutar, tíos y *dones,*
los cuales sus *bodys moving.*

Tenemos un gran marino,
el cual ya se hizo a la mar,
eligiendo su destino
en la isla balear.

Otra querida colega
para Vigo se marchó,
del verano abrió la veda
y en Improving nos dejó.

Alegres las vacaciones,
nos invitan a pensar
a pesar de los mormones
que vienen a predicar.

Insisten en que compremos
una Biblia encuadernada
y en que leerla debemos
noche, tarde y madrugada.

Como vienen en parejas,
por ambos flancos atacan.
Son como las comadrejas,
que en su insistencia destacan.

Y no resulta sencillo
el eludir su insistencia,
más pesados que el caudillo,
que agota nuestra paciencia.

Una vez que se han marchado
los muy pesados moscones,
su presa han abandonado
los insistentes mormones.

Y qué cortas se nos hacen
las dichosas vacaciones,
pero cuánto ellas nos placen
otorgándonos sus dones.

Yo de nadie aquí me olvido
aunque tenga que cerrar.
A todos vos yo os digo
que pelillos a la mar.

# LAS VACACIONES POR ITALIA

Se acaban las vacaciones,
como siempre cansativas,
por Italia y sus regiones,
alegraron nuestras vidas.

Ahora toca regresar
a la diaria rutina.
Aunque no sea trabajar,
volvemos a la cocina.

Si tú tienes tiempo libre,
buena idea es que tú lo emplees
en cosas de gran calibre
y a la perdiz no marees.

Y si gastas tú dinero
en cosas sin importancia,
piénsalo tú bien primero
y viaja al París de Francia.

A veces ya no es posible
el viajar ni por un día,
pues no lo hace factible
tu débil economía.

Aunque no tengas posibles,
feliz sí que puedes ser,
pues son las cosas plausibles
las que suelen suceder.

Si para una vida digna
precisas mucho dinero,
sigue tú la gran consigna:
es la salud lo primero.

Nada duele más que el alma
cuando el cuerpo no obedece,
anulando toda calma
porque nuestro ser padece.

De Italia, ese gran país,
yo muy poco conocía.
Nada en sus pueblos es gris,
Escipión ya lo decía.

Yo no sé si volveré,
aunque por ganas no queda.
No me preguntes por qué,
suceda lo que suceda.

# LENGUAJES

Hubo una forma de hablar
que perderla es una pena,
era la de farfullar
del Campo de Cartagena.

Si al mirar no ves la noria,
aunque mucho tú *escarculles,*
es porque habrá mucha *boria,*
que hace que te apabulles.

Si te gusta la verdura
y no te cabe ni un berro,
es porque tienes hartura
o se te atrancó el *guajerro.*

¡Qué cara tienen algunos!,
tan dura como el ladrillo.
Para bajarles los humos,
un golpe en el colodrillo.

A un *cherro* tú te pareces
con tus vacunos andares.
Ya te he dicho muchas veces
remétete los *jaldares.*

La covacha está de pena,
está más negra que un sapo.
Dile que venga a la nena
y que le pase un *jarapo*.

De la tierra los pepinos
y de nuestra mar el mero.
Dile a Pedro el de los pinos
que tape bien el *bujero*.

Si quiero saborear
lo que el sentido me quita,
te voy a solicitar
que me des una *chullica*.

No me grites, por favor,
modérate tú un *poquico*,
apéate del fragor,
dímelo más *abonico*.

Tu cara parece sucia,
quizá pases por un bache.
Esto no es una minucia,
pues siempre vas hecho un *sache*.

Ponte ropa adecuada,
no te vayas a mojar,
no cruces por la vaguada,
comienza a *mollinear*.

Ese pollo tan rollizo
no se me puede escapar,
rellenito con chorizo
me lo tengo que *jalar.*

El perro fiero ladraba,
furioso como un etrusco.
Me dijo que lo aplacara
tirándole yo ese *rusco.*

Me asusta comer pausado
sin que me cueste trabajo.
Yo me conformo encantado
con lo que es un *repitajo.*

Me place la miel de abeja
igual que al burro la paja.
Cuando mi abuela me deja,
me voy *jalando* una *miaja.*

Yo no quiero ser molesto
como la ruidosa grulla,
que en su lenguaje *chamulla*
aquello que es manifiesto.

Cuando te veo de esta guisa,
me siento muy preocupado.
Vete al médico deprisa,
pues te veo muy *abrujado.*

Te pedí un poco de carne
para hacerla yo *mechá*.
Conseguiste tú enfadarme
trayendo una *bolichá*.

Tienes un aspecto absurdo
cuando te atas el zapato.
Eres un tipo tan burdo
que me pareces *zocato*.

Tú me dijiste que era
amor lo que yo sentía
y te saltaste la *lera*
cuando yo no te veía.

# LIBERACIÓN

Por fin ya llegó el verano
y se impuso la razón.
Al hombre ofreció su mano
y también su corazón.

El peligro fue increíble
y, aunque la ciencia es potente,
yo pasé por lo indecible
para ser superviviente.

Por haber sido constantes
aquí nos tienes de nuevo.
Fueron inciertos instantes
como gallina sin huevo.

Dilema es sin resolver
desde tiempos del medievo
quién fue primero en nacer.
¿Fue la gallina o fue el huevo?

Eso tampoco lo sé,
ya me gustaría ser sabio.
Quizá lo averiguaré
manejando el astrolabio.

Los aplausos yo escuché
en vez de entonar canciones.
La gente muestra su fe
aplaudiendo en los balcones.

Está muy bien el aplauso,
pero es menos efectivo.
Lo que es malo, en todo caso,
predicar y no dar trigo.

Ya lo dijo el Gran Profeta
hablando a la masa en pie:
«Si alcanzar quieres la meta,
si te ayudas yo lo haré».

Confiar en que te ayuden
sin tener tú que hacer nada,
tus posibles disminuyen
como a oveja sin manada.

Esta oda se asemeja
al vago que en un instante
ignoró la moraleja
que hace bien al caminante.

Yo no sé si has entendido
lo que te quise decir,
mas lo que yo he pretendido
es labrar tu porvenir.

El porvenir es incierto,
porque nadie lo conoce.
Cuida tú tu propio huerto
y que nadie lo destroce.

# LOS HIJOS

Los hijos vienen al mundo
porque los padres queremos.
Este asunto es tan profundo
que altos muros demolemos.

Cuando por fin ellos llegan
desde el vientre de su madre,
es un crimen si les llevan
al abismo que se abre.

Todo ser viviente tiene
derecho a una vida digna,
pues lo que al mundo sostiene
es un santo paradigma.

En todas las religiones,
al menos las que conozco,
se propugnan las legiones
de seres vivos sin rostro.

Sin hijos esto se acaba,
yo lo afirmo sin pasión.
De humanidad que es esclava
solo es cierta la extinción.

Mi reflexión no desprecies,
es asunto de cajón.
La extinción de las especies
sucede sin compasión.

Ponte manos a la obra,
no te demores más tiempo,
pues en el mundo no sobra
quien soslaye el contratiempo.

Pero qué contradicción
con el montón que ya somos.
Si aumenta la población
vamos a ser como gnomos.

Qué dilema, madre mía.
Unos piden más humanos
existiendo demasía
de desocupadas manos.

Los que no tienen trabajo
viven dentro de un abismo,
son igual que el negro grajo
al que asalta el pesimismo.

Perdonad si me propaso
con mi confusa opinión,
pero es que he colmado el vaso
de este asunto tan tristón.

Arriba los corazones,
no dejemos que el tormento
anule nuestras razones
sin el menor sentimiento.

# Los Reyes de Oriente

Los Reyes Magos llegaron
y nos dejaron presentes,
sus regalos aportaron
a los niños inocentes.

La ilusión nunca se pierde,
no se debiera perder.
El que su infancia recuerde
él feliz volverá a ser.

A los Reyes esperamos
y, aunque todo sea ficticio,
todos nos congratulamos
de su ingente beneficio.

Pues muy bienvenidos sean,
sean reyes o sean plebeyos.
Por las calles se pasean
sin trabas ni regomeyos.

Yo navego sin timón,
perdiéndome en estos gajes,
soñando yo con la unión
de los múltiples lenguajes.

Lenguas múltiples existen
con las que comunicarnos,
aunque existen los que insisten
sin sus palabras dejarnos.

El lenguaje es un tesoro
el que a todos beneficia.
A cualquier lengua yo adoro,
te lo digo sin malicia.

Hay quien usa la palabra
en pro de la desunión
y en el campo yermo labra
a la estéril perdición.

Me preguntas cuántas lenguas
caben dentro de un barril.
Te digo, si no las «menguas»,
algo más de siete mil.

Depende dónde has nacido,
tienes tu lengua materna,
con la que te han bendecido
y hablarás de forma eterna.

# Marginados

Son los pobres, invisibles,
muchos duermen en la calle.
Son personas inservibles,
este es el horrendo detalle
que los hace prescindibles.

Muchos fueron importantes
y, por causas que yo ignoro,
son los tristes navegantes
que perdieron su tesoro.

Sus vidas, triste jirón,
la tristeza los inunda.
Su devenir, un tizón
carente de toda enjundia.

Cuando los veas sin cobijo,
con aspecto derrotado,
piensa si tienes un hijo
que puede estar destinado.

Horror y poca bondad
en un mundo insolidario
que lleva a la humanidad
a ignorar este calvario.

Pues calvario es su vivir
por carecer del calor,
teniendo que prescindir
del más diminuto amor.

Al mirarlos en el suelo,
sin nadie que los socorra,
aumenta mi desconsuelo
y me inunda la zozobra.

Nadie debe permitir
que se abandone al hermano,
un pecado es consentir
que se humille al ser humano.

Hay que hacer lo que se pueda
y, si cabe, un poco más.
Pidamos a quien proceda
no deje a su hermano atrás.

No es justo ni razonable
abusar del ser humano,
ni tampoco es deseable
negarse a darle una mano.

Bendita sea la hermandad,
la que al hombre noble hace.
Maldita sea la maldad,
que a la humanidad deshace.

Por favor, no los dejéis
más tiempo desamparados.
Humanos son, no olvidéis
que ellos son los marginados.

Seamos por siempre, seamos
más justos y solidarios.
Uniendo las nuestras manos,
devenguemos en templarios.

Devolvamos bien por mal,
pues eso es lo que hay que hacer,
ya que resulta fatal
en el «no» permanecer.

No sea tu dios el dinero,
cuando te vayas se queda,
pues ser justo es lo primero.
Haz tú bien lo que proceda.

Quien en el oro se enreda
gana el infierno el primero.
No dejes que te suceda
lo que al avaro usurero.

# MY SON'S HOLIDAYS

Se marchó de vacaciones
a la tierra del cachopo,
asistiendo a las sesiones
de un concierto un poco loco.

Aranda de Duero es
el lugar que han elegido;
con su furgo genovés
sin pereza allí se han ido.

Nos produjo gran sorpresa
el huevo que han adquirido,
dentro de él ponen la mesa
previamente a haber comido.

La furgo es como un hotel,
yo no sé si tiene estrellas,
mas su aparente dosel
permite verlas a ellas.

La furgo debe de ser buena
por lo mucho que resiste;
ella merece la pena,
pues su motor no es de chiste.

Mi hijo, que es un manitas,
no sé de quién lo heredó,
mas como los eremitas
su casa se construyó.

Aunque parezca pequeña,
es vivienda que es la pera.
Alguien que no la desdeña,
Arancha, su compañera.

Esa furgo es elegante,
al menos es funcional,
es un albergue especial
y así hasta que el cuerpo aguante.

# NOSOTROS

Eres brisa que, fluyendo
de los confines del cielo,
siempre a algún lado estás yendo
meciendo tu negro pelo.

Soy un pobre y viejo bardo
que me complazco en cantar,
mi poesía es como un dardo
que siempre quiere acertar.

Tienes un alma sublime
cual perfume de las flores,
haces que el ciego camine
disipando sus temores.

Y si pudiera alcanzarte
mi vida yo te daría,
mi poesía sería un arte
que la gloria me valdría.

Te deslizas por la vida
dejando un tenue perfume,
eres la gloria y medida,
eres quien la gloria asume.

Soy como la ola rota
que se muere a cada instante,
como el caballo que trota
contra el viento de levante.

Pasos tenues y ligeros
son los pasos que tú das,
transitas firmes senderos
dejándote el mundo atrás.

Quiero ser como la sombra
que a todas partes me sigue.
Aunque esta vida me asombra,
mi eterno dudar pervive.

Me place cómo tú vuelas,
persiguiendo al horizonte
sin necesidad de espuelas,
cabalgando hacia algún monte.

Mis pies unidos al suelo
son como matas de hiedra
queriendo volar al cielo,
nunca abandonan la tierra.

Tu corazón es de aire,
eres quien nunca se arredra.
Él se protege al socaire
de la eterna Madre Tierra.

Cuando yo tu andar contemplo,
no me puedo contener.
Quisiera ser buen ejemplo
y tu atención merecer.

Me ves como roca inerte
cuando a tu lado yo paso.
No soy capaz de quererte,
pues tu agua colmó mi vaso.

Eres como la corriente
del río, que nunca cesa.
Reptas como la serpiente
que se oculta tras la mesa.

Me vuelve loco tu talle,
que como junco se mueve.
Cuando pasas por mi calle
tu belleza me conmueve.

Me resisto a claudicar,
me conturba tu presencia,
mi amor se pierde en el mar
sin justicia ni clemencia.

Eres camino embustero,
eres como el vil veneno
y es tu mundo el traicionero
que engaña al buen nazareno.

Yo no quisiera morir,
pues me sobra la paciencia.
Yo me quiero divertir
en vez de pedir clemencia.

Cuando tañen las campanas
su sonido nos despierta.
Tú nos cierras las ventanas,
clausurándonos la puerta.

Ay, si pudieras saber
el placer que tú me causas
cuando me das a beber
la miel de tus uvas pasas.

Qué daría yo por saber
cómo abrir yo tu trinchera,
qué daría yo por tener
el alma tenue y ligera.

Finges que lloras con pena,
pero con descaro mientes.
Eres como un alma en pena
que sucumbe a las corrientes.

Somos como el manantial
del agua que no se agota,
somos rumor celestial
del que nuestra vida brota.

Y es así como nos veo,
por más y más que nos miro.
Huyo siempre del mareo
y a seguir viviendo aspiro.

# OLIVARES

Olivares de Jaén,
con árboles milenarios
cuyo aceite fue también
codiciado por corsarios.

Hoy las cosas cambiaron,
lo venden en exclusivas,
productores se agruparon
en varias cooperativas.

El aceite de la oliva
es un alimento lípido,
tiene un nombre que cautiva,
pues lo llaman oro líquido.

No solo aceite producen,
pues no son ninguna sorpresa
las que a los *gourmets* seducen,
las aceitunas de mesa.

Productores de aceituna,
que en las bajas temporadas
recolectan más de una:
¡quinientas mil toneladas!

Es la aceituna española
un manjar tan apreciado
que como pequeña bola
en la mesa es degustado.

También como aperitivo
la encontrarás en los bares,
ese fruto del olivo
que agrada a los paladares.

Mas volvamos al aceite,
que no admite sucedánea,
haciendo que sea un deleite
la dieta mediterránea.

Acompaña a las comidas,
él en la cocina brilla,
alargando nuestras vidas
en vez de la mantequilla.

Aceite de oliva usar
en la dieta saludable.
Consejo te voy a dar,
deja al olivo que hable.

Yo me olvidé de deciros,
por mis prisas y emociones,
que la España tiene olivos
casi trescientos millones.

Demos gracias a los dioses
que cuidan de los olivos,
cocinemos los arroces
sin extraños aditivos.

# OPTIMISMO

Hoy me levanté optimista
y al mirar por mi ventana
vi que el alba estaba lista
para iniciar la mañana
alegrándome la vista.

La mañana tan radiante
que estoy comenzando a ver,
la que cambia a cada instante
causándome gran placer.

Si alguien quiere equivocarme,
que no lo intente siquiera.
Lo más que a mí puede darme
es un tomate de pera.

Alegre cara y sonrisas
son la mejor medicina,
nos traerán las suaves brisas
y el aumento de endorfina.

Te voy a dar un consejo
por si te sirve de guía,
que no te venza el complejo
de la botella vacía.

Si la botella algo tiene,
es inútil la porfía.
Lo que a nadie le conviene
es verla medio vacía.

Cuando la mires a ella,
siempre valdrá más la pena
al mirar tú la botella
decir que está medio llena.

La ciencia ya nos lo dice,
que el optimismo es un don
que al optimista bendice
concediéndole el perdón.

El optimista es longevo,
pues le hace vivir más años.
Así no fue en el medievo
porque faltaron redaños.

Sonríe con gran contento,
presenta tu mejor faz,
pues ha llegado el momento
de quitarse el antifaz.

# RAPSODA

Tiene la garganta rota
de cantar su poesía
y su voz suena remota
detrás de la celosía
que su libertad derrota.

Es el rapsoda un poeta
que canta sus poesías,
es el rapsoda un asceta
de versos y de porfías
que corren locas sin meta.

Cuando el rapsoda se calla
algo infernal le sucede,
algo en su interior le falla,
y a su cantar le antecede
el fragor de la batalla.

El rapsoda necesita
para que su verso fluya
olor de una margarita
y un cantar en aleluya
en la partitura escrita.

Canta, rapsoda, tu amor,
ese amor que llevas dentro,
inunda con tu candor
la bondad del reencuentro
de un ansiar abrasador.

Ama la vida, rapsoda,
que el amor es alimento
del bautizo y de la boda,
es de la herida el ungüento
que cura tu herida toda.

Tu voz está ajada y rota
de cantarle siempre al viento,
de tu garganta aún brota,
aunque sea tu último aliento,
el cantar de tu derrota.

Nadie tenía que ayudarte
cuando eras joven y austero;
ahora decayó tu arte,
solo buscas el dinero
sin la poesía importarte.

Aunque no eres ni tu sombra,
cuentas con mi admiración.
A mí tu cantar me asombra,
me llega hasta el corazón,
es trinar de herida alondra.

Qué pena que el mal andar
destruyera así tus alas.
Ahora no puedes volar,
eres como las cigalas
que ya perdieron su mar.

# Situación estresante

Otra vez volví a votar
en plazo de pocos meses,
voto que no va a salvar
nuestros propios intereses.

Todo continúa igual,
en posición monolítica.
Esto lo podría salvar
una y buena audaz política.

Todos quieren gobernar
para su propio interés;
pero del pueblo ayudar,
de eso no hay nada que hacer.

Unos dicen que los otros
son los que tan mal todo hacen;
los otros les contradicen,
pues lo ya hecho deshacen.

Y aquí nosotros estamos,
aguantando los desmanes
de becarios y profanos
que se comen nuestros panes.

Que si tú lo haces muy mal,
yo lo haré mucho mejor.
Duro como el pedernal;
su moral, de lo peor.

¿Pero qué quieren que hagamos?
¿Pagarles sin nada hacer?
¿Por qué no nos rebelamos
ya no votando otra vez?

Hartos nos tienen, muy hartos,
de que por lerdos nos tomen.
Ya está bien de falsos partos
de esos malditos hampones.

Que se vayan y no vuelvan,
que trabajen de una vez
y que las cosas resuelvan
sin tanta desfachatez.

Inaudito es lo que pasa,
por no decir otra cosa.
La situación sobrepasa
su conducta tan dolosa.

Unos no quieren dejar
sitio al que ya está viniendo,
su placer es afanar
y el oro seguir cogiendo.

Todo tendrá una razón,
una razón que yo ignoro.
Que acabe esta situación
siempre a los dioses yo imploro.

# SUPERTODO

«Súper» es un adjetivo
usado con profusión,
es más que un superlativo,
es *summum* de la pasión
sin aparente motivo.

Teníamos el mercadillo,
y como mucho el mercado.
Hoy resulta más sencillo
llamarle supermercado.

Y si algo estaba muy bien
se tildaba de importante.
Hoy se dice superbién,
adjetivo rimbombante.

Superabunde, superlisto,
superguapo, supercaro.
Este expresar nunca visto
nos hace entrar por el aro.

Hoy todo es súper, ¡qué bueno!
Es súper hasta la esquina,
súper el pan de centeno
y súper la gasolina.

Es usado con soltura,
en boga está este adjetivo,
quizá él encierre incultura
en grado superlativo.

Esta es tal vez una moda
efímera y pasajera
que, como la moda toda,
se funde como la cera.

Superfrío, supercaliente,
superpobre, superrico,
el héroe es supervaliente
aunque sea muy pequeñito.

Supersabio es el que sabe
que saber no sabe nada
y que navega en su nave
con su propia y fiel mesnada.

Me despido en plan rapsoda
de esta moda tan chocante,
de tan plúmbea supermoda,
de tan castizo semblante.

# UN ABUELO

Historia muy actual
esta que causa gran duelo.
Tiene mucho de especial,
ya que trata de un abuelo.

Nadie lo quiere acoger
y a un asilo lo llevaron.
Él nunca supo el porqué
todos lo abandonaron.

El abuelo no entendía
por qué ya en casa no estaba,
por qué nadie lo quería,
por qué ya nadie lo amaba.

Sus nietos, que podían ver
cuán triste estaba el abuelo,
nada pudieron hacer
por mermar su desconsuelo.

El abuelo, que antes fue
el sostén de la familia,
se pregunta ahora por qué
la nueva moda lo exilia.

Como no encuentra respuesta,
se abandona a su infortunio,
pretendiendo abrir la puerta
que se cerró un triste junio.

Ya vendrán tiempos mejores,
le dice algún compañero,
y volverán los amores
que dejaste en el alero.

Qué ingrata es la vida, piensa
el abuelo en su añoranza,
pues soledad tan inmensa
ha inclinado su balanza.

Largas noches sin dormir,
viendo que la vida pasa
y que su pobre existir
a su entender sobrepasa.

Y aquí termina esta historia,
la de un abuelo cualquiera
que conserva en su memoria
una vida placentera.

# UN PLACER

Hay una cosa en el mundo
que absoluta no ha de ser,
es algo hermoso y profundo
y esa cosa es el placer.

Lo persiguen los plebeyos,
los que son nobles también,
y dicen los leguleyos
que alcanzarlo es un gran bien.

¿Pero qué tendrá el placer
para que lo pretendamos?
Aun sin lo merecer,
atraparlo nos ansiamos.

El placer mueve montañas,
hace a la gente dichosa,
él revuelve las entrañas
de forma muy caprichosa.

Los humanos reivindican
el placer, que es don divino,
y sus vidas sacrifican,
despreciando el buen camino.

Ninguno sabe qué hacer
cuando cree que lo tiene,
solo piensa en el placer
sin saber qué le conviene.

El placer es como el humo
o como el viento del norte,
no hace feliz a ninguno,
él del dolor es consorte.

Si a mí el placer me visita
luciendo lujosas galas,
me guarezco en mi garita,
lanzando al cielo bengalas.

Por mucho que yo lo intento,
el placer me sobrepasa.
Como mar de barlovento,
mi alma inmortal traspasa.

Es efímero el placer
que estos versos me producen,
sin que pueda comprender
lo que los hados aducen.

Es cosecha de inexperto,
pero le pongo cariño,
es producto de mi huerto
y es más blanco que el armiño.

Ha sido inmenso placer
y una manifiesta suerte
el que me quieras leer
y un placer el conocerte.

# Una cosa… Una flor

Nace de un tallo en su mata,
su tamaño es diminuto,
es preciosa como plata,
dicen cura el escorbuto.

Se abre con esplendor
atrayendo a los insectos.
Es su alimento mejor
con sus pétalos enhiestos.

Las abejas las adoran,
en ellas van a libar
y sus nutrientes mejoran
su alimento peculiar.

Tienen colores sin fin,
la mayoría de ellas huelen,
su perfume es un festín,
pero sus espinas duelen.

Las hay de sabor amable,
las aprecian los *gourmets,*
son algo bien estimable
en jardines y en chalés.

Las hay de todas las horas,
son perfectamente hermosas,
son dulces como las moras,
en variedad son cuantiosas.

Admirarlas es un gozo
y el mirarlas lo es también,
son para el hombre celoso
lo que calma su desdén.

Cuando el sol las ilumina
ellas suelen cambiar,
pero su vida termina
al punto de las cortar.

El daltónico las ve
sin distinguir sus colores.
Lo que siente no lo sé,
mas se pierde las mejores.

Con gran amor las combinan
para regalos hacer
y toda estancia iluminan
si allí las quieren poner.

Viajan mucho en avión
desde países lejanos,
pueden verse en el balcón
cultivadas por ancianos.

Hay quien las prefiere rojas,
otros amarillas quieren;
mas, escojas las que escojas,
las señoras las prefieren.

Sus perfumes son amores,
su tacto ennoblece el alma
y por mor de sus colores
infunden gran paz y calma.

No las maltrates, son seres,
hijas son de la Natura.
Si un ser sensible no eres,
tú tendrás el alma impura.

No me digas que las corte,
son muy bellas donde nacen,
dan a su planta un gran porte
y así a los mortales placen.

Qué misterio, qué hermosura
que una cosa tan preciosa
se convierta en fruta pura
o en hogar de mariposa.

Si me quieres complacer,
tú dime dónde ellas viven.
Y tú debes entender
que en su mata ellas perviven.

Hasta la más diminuta
tiene su gracia divina;
es bella, pero no bruta,
su grandeza es diamantina.

Noche cerrada es ahora
y hasta aquí llega el perfume.
Se clausura con la aurora,
su vida corta ella asume.

Con ella disipo el miedo,
mi corazón late fuerte,
con su belleza me quedo,
pues ella espanta la muerte.

Es algo muy especial,
ella es un puro candor,
yo lo voy a desvelar,
pues se trata de la flor.

# UNA MIRADA

Si me miras a los ojos
verás en ellos la luna,
acabarán tus antojos
y alcanzarás la fortuna
sin demasiados enojos.

La luna escapa veloz
desde su audaz perspectiva
entre nubes de saliva,
como el perro de Pavlov
al pensar en la comida.

Tiene tu mirar la fuerza
que tienen cien mil volcanes
y, aunque tu brazo retuerza
o pises mil alacranes,
siempre serás tú el que almuerza.

Mata el hambre quien almuerza
engullendo varios panes
acompañados con berza,
pasión de los alemanes,
que así incrementan su fuerza.

Pero la fuerza no es todo,
pues la fuerza no es un don.
La fuerza solo es un modo
de anular a la razón,
la del pueblo visigodo.

La razón, pues, nos distingue
de los puros animales,
pues difiere del potingue
que hacen los menestrales
hasta que el sol ya se extingue.

Las potencias ancestrales
miran al cielo sin ver
y en los fondos abisales
en continuo remover
buscan ignotos caudales.

Mas lo que va a acontecer,
lo que puede que suceda,
es que el mundo en su correr
gire como una rueda
hasta el mismo amanecer.

Aunque el humano lo pueda,
imposible es de prever
lo que el albur nos conceda.
Nadie lo podrá entrever
ni en una recta vereda.

# UNOS OJOS VERDES

Eran unos ojos verdes
en una cara preciosa,
y es al mirarlos que pierdes
la noción de cualquier cosa.

Los ojos verdes tenía,
como su madre y su abuela,
y en su cara ella exhibía
el color de la canela.

Ella desde bien chiquita
ágil fue como las liebres.
Le pusieron en la ermita
niña de los ojos verdes.

Ojos verdes que al mirarte
sin aliento te dejaban
y conseguían alejarte
de los males que acechaban.

Ojos de un alma sin mancha
y de un noble corazón
que como verde avalancha
ensanchaban la razón.

Además de gran belleza,
poseía gran galanura,
mostrando una gran destreza
y una inteligencia pura.

Además de ser bonita,
era de mente brillante,
de inteligencia exquisita
y de angelical semblante.

Cuando su cara miraban
y ojos tan verdes veían,
los niños ya suspiraban
aunque de amor no entendían.

El padre de nuestra niña
la adoraba con locura,
pues como uva en la viña
ella crecía en hermosura.

Durante la adolescencia
quiso el destino engañoso
que perdiera la consciencia
por un guapo hombre celoso.

A los diecisiete años
entró en la universidad,
tuvo bastantes redaños
para leyes estudiar.

Debido a sus buenas notas,
cuando acabó la carrera,
amén de tan altas cotas,
logró ocupación primera.

Aunque con sus altibajos,
aquel noviazgo duró
y entre libros y legajos
en compromiso cuajó.

El hombre que la quería
en sus celos no cejaba
y tanto le prohibía
que su vida perturbaba.

Sus verdes ojos veían
solo lo bueno del hombre,
reconocer no querían
lo que tiene triste nombre.

Su padre, que la observaba,
pensaba que su tristeza
de otras fuentes le llegaba
y no de la gran vileza.

La vileza de aquel hombre
que un mal día conoció
(desea que nadie lo nombre)
sus ojos verdes nubló.

Ojos verdes que lloraban
con demasiada frecuencia.
Los celos de él la mataban
con tan mala y vil conciencia.

Nadie lo podía entender
el porqué de aquel calvario,
que ojos verdes de mujer
fueran presos del mal fario.

Pensando en la solución,
ella consintió en casarse.
Aquel ser sin corazón
ya nunca llegó a enmendarse.

El desalmado decía,
niña de los ojos verdes,
que tener hijos quería.
«Si no los tienes te pierdes».

Su padre llegó a saber
del gran drama de su niña
y él al monstruo se fue a ver
para acabar tal rapiña.

La niña más ya no pudo
y al gran felón planteó:
«No quiero ser tu felpudo».
Y al malvado ella dejó.

El maldito le juró
venganza sin paliativos.
Sus ojos verdes cerró
por los siglos de los siglos.

Difícil fue de entender
para todo el que la amaba
cómo ella no pudo ver
una mente tan malvada.

Llora el padre sin consuelo
y el horizonte escudriña.
Él busca mirando al cielo
ojos verdes de su niña.

# Viajar

El viaje nos da la vida,
arrumbando la tristeza.
El viaje da la medida
de una tierra tan compleja.

Viajar es vivir inmerso
dentro de un mundo más grande,
se ama más al universo,
pues nuestra dicha se expande.

Cuando viajamos queremos
abarcar toda la tierra,
mas hacerlo no podemos
porque sus puertas nos cierra.

Es tan grande el universo
que abarcarlo es imposible,
y mucho menos en verso,
por vasto e impredecible.

Pero el viajero no ve
que su viajar es un verso
y por causa de Undivé
lo creado es tan diverso.

Por mucho que el hombre viaje,
nunca llegará al final
ni aun manchando su traje
en la miel de aquel panal.

Si tomamos el ejemplo
de la laboriosa abeja,
vuelve ella siempre a su templo
con el néctar de la arveja.

Qué es la arveja me preguntas,
te lo diré en un instante.
Es planta de bayas juntas,
las que encierran el guisante.

El guisante se consume
desde tiempo inmemorial
y quien lo conoce asume
que no crece en erial.

Además de buena tierra,
precisa temperatura,
pues sus raíces entierra
en la tierra blanda y pura.

# VIAJE AL SUR

Como hacemos cada año
desde hace ya cincuenta,
a la familia acompaño,
que allí en Morón se concentra
y hace lo mismo que antaño.

Pues al vivir en Madrid
hemos de desplazarnos
para poder asistir,
así en el AVE viajamos.

Hemos salido de Atocha
a las tres en punto, en hora,
como pintor con su brocha
que del cuadro se enamora.

Es miércoles laborable;
como siempre, el tren va lleno
de gente muy respetable
y así el viaje se hace ameno.

El viaje será directo
y sin parada intermedia.
Será más corto el trayecto,
lo afirma la Wikipedia.

España pasó de ser
la reina de los retrasos
para pasar a tener
incumplimientos escasos.

AVE se llaman los trenes
que nos llevan por doquier
y cuando prisa tú tienes
puntuales han de ser.

Desde Madrid a Sevilla
tarda dos horas y cuarto,
y mirando el cuentamillas
corre con rabia de infarto.

Cómodos donde los haya,
estos trenes son divinos.
Mientras como una papaya,
él devora los caminos.

Puertollano lo pasamos
(doce minutos, qué pena)
y ya la Mancha dejamos
y a cruzar Sierra Morena.

Quince túneles perforan
sus fantásticas montañas
y las encinas mejoran
de esta tierra sus entrañas.

Los túneles mencionados
son de construcción perfecta.
Fueron ellos perforados
con destreza manifiesta.

Mi amigo Miguel Fernández
colaboró más que un poco
en perforar estos «Andes»
con equipos Atlas Copco.

Se ven vastos encinares
que cubren toda la sierra
y no hay que hacer malabares
para adorar esta tierra.

Cuando miro las encinas
cubriendo toda la tierra,
me olvido de las sardinas
y pienso en el pata negra.

A Córdoba hemos llegado
con una hora cuarenta.
Parece que hemos viajado
en el tren de la pimienta.

Siempre que Córdoba paso,
casi al final del camino,
viene a mi mente un retazo
de mi amigo Enrique Pino.

Pues en Sevilla ya estamos.
En dos horitas y cuarto
a Santa Justa arribamos.
De viajar yo no me harto.

Hoy toca tranquilidad,
pues con la familia estamos.
Es de buena voluntad
a la vez que descansamos.

En casa de mis cuñados,
ellos son Trini y Amando,
aquí estamos alojados,
los Remedios habitando.

Además de ser familia,
nos une gran amistad
y con la tal se concilia
nuestra armoniosa hermandad.

Hoy, jueves por todo el día,
hemos alquilado un coche
para llegar a Morón
sin caer en el derroche.

Reunión con la familia
y también con los amigos,
y como hoy no es vigilia
tomaremos pan con higos.

Hemos comido de platos,
con numerosas raciones.
Estos quisiera Pilatos
para engrosar sus legiones.

Todo rico y abundante
como siempre es en Morón,
con calidad desbordante.
Disfrutamos un montón.

Y si de precios hablamos,
yo os puedo asegurar
que esto en Madrid lo doblamos
a la hora de pagar.

Es un gozo recordar
los tiempos que ya pasaron
y es muy bueno comentar
recuerdos que nos quedaron.

Nos volvimos a Sevilla
a la hora de dormir
y de forma muy sencilla,
sin apenas discutir.

Hoy viernes nos desplazamos
con amigos y cuñados.
A Sanlúcar nos llegamos
bajo cielos azulados.

Viajamos en limusina,
con clima de mes de mayo
bajo un cielo que ilumina,
y nos llevó Antonio Gayo.

Son Antonio Gayo y Blanca
un matrimonio excelente.
Ni en la misma Salamanca
existe tan buena gente.

Son amigos desde siempre,
es un honor su amistad,
son amigos que no mienten,
bendita sea su bondad.

Tomamos la manzanilla
con las tapas estupendas,
comimos de maravilla,
¡qué raciones tan tremendas!

Tortitas de camarón
son un excelso manjar
que tomamos con fruición
como puro preyantar.

Yo con las tortitas siento
tanto placer al comerlas
que ya solo con olerlas
yo les haría un monumento.

Comimos en restaurante,
mayormente langostinos.
Este es un plato importante,
impropio de peregrinos.

Hemos terminado andando
por el paseo marítimo.
Qué lindo es ir paseando
por este lugar tan íntimo.

El fondo del horizonte,
aunque no es por la mañana,
desde aquí se intuye Almonte
y se ve el coto Doñana.

Sábado es último día
de esta tan corta excursión.
No fue jornada baldía,
la vivimos con pasión.

Visitamos un museo,
donación de un tal Bellver,
que por su expreso deseo
el público puede ver.

Pinacoteca importante,
tiene bellas esculturas
y tiene entidad bastante
por esas formas tan puras.

En este momento vamos
en el AVE hacia Madrid
y tan felices estamos
que pensamos repetir.

Hemos llegado a Madrid
justo en dos horas y veinte.
Necesario es bendecir
a este AVE tan potente.

Y aquí termino esta oda
al avatar de este «puente»
y, aunque ya no esté de moda,
déjame que yo te cuente
esta historia en plan rapsoda.

# Y NOS DEJÓ

Llegó la hora de irse,
nos dejó desconsolados
sin siquiera despedirse,
aún estamos desolados.

Fue el amigo, fue el hermano,
no lo dudes ni un segundo,
porque si existe otro mundo
allí nos dará la mano.

Ya nada se puede hacer,
el que se va ya no vuelve.
Llorar es entorpecer,
pues ya nada se resuelve.

Espéranos, compañero,
y no te lo digo en vano.
Tú sabes que yo te quiero
como se quiere a un hermano.

Cuando tú hacia abajo mires
solo mandes alegría.
Y aunque la gloria respires,
aquí la cosa es sombría.

Seguro que sentirás
que ya se fueron tus penas.
Pienso que comprobarás
que ahí arriba no hay condenas.

Tú, que tanto te aplicabas
ayudando a los demás
y dispuesto siempre estabas
a hacer siempre un poco más.

Cuando pienso en los veranos
que pasamos en familia
me tiemblan mis viejas manos
como en tiempos de vigilia.

La familia que has dejado
siempre te recordará
como el vecino aplicado
que ayudó a la vecindad.

Más si que ya no me extiendo,
pues me estoy emocionando
por lo que estoy escribiendo
del que fue mi amigo Amando.

# Y AQUÍ CONCLUYO

No sé si te habrán placido,
en ellos yo puse el alma,
estos versos que has leído,
escritos con toda calma,
pues de mi pluma han salido.

No he pretendido ganar
el Nobel ni una medalla.
Solo pretendí plasmar
un verso que dé la talla
y ayude al vate estimar.

Me excuso por mi insistencia,
la que pretende apoyar
a quien con mucha paciencia
suele sus versos cantar
aguardando tu clemencia.

Me pregunta mucha gente
qué significa aleluya.
Yo le sigo la corriente,
contestando de repente:
«¡Cada uno con la suya!».

Y si compaña no encuentra,
desconozco qué ha de hacer.
Tal vez su mente no entra
en las sendas del placer
y todo la desconcentra.

# Índice

# Sobre el autor

Asensio Liarte (Cartagena, 1938). Ingeniero técnico en explotación de minas por la Universidad Politécnica de Cartagena (UPC). Licenciado en Filosofía por la Universidad Complutense de Madrid (UCM). Escritor de vocación tardía.

www.ingramcontent.com/pod-product-compliance
Lightning Source LLC
Chambersburg PA
CBHW020322160726
47992CB00004B/1646